ULRICH HERBST

Abnorme Böcke

KOSMOS

Umschlaggestaltung eStudio Calamar,
unter Verwendung eines Fotos von Burkhard Winsmann-Steins

Die Deutsche Bibliothek – CIP-Einheitsaufnahme
Die Deutsche Bibliothek verzeichnet diese Publikationen in der Deutschen
Nationalbibliographie; detaillierte bibliographische Daten sind im Internet
über http://dnb.ddb.de abrufbar.

Bücher · Kalender · Experimentierkästen · Kinder- und Erwachsenenspiele
Natur · Garten · Essen & Trinken · Astronomie
Hunde & Heimtiere · Pferde & Reiten · Tauchen · Angeln & Jagd
Golf · Eisenbahn & Nutzfahrzeuge · Kinderbücher

KOSMOS Postfach 10 60 11
D-70049 Stuttgart
TELEFON +49 (0)711-2191-0
FAX +49 (0)711-2191-422
WEB www.kosmos.de
E-MAIL info@kosmos.de

Alle Angaben in diesem Buch erfolgen nach bestem Wissen und Gewissen. Sorgfalt bei der Umsetzung ist indes dennoch geboten. Der Verlag und der Autor übernehmen keinerlei Haftung für Personen-, Sach- oder Vermögensschäden, die aus der Anwendung der vorgestellten Materialien und Methoden entstehen könnten.

Gedruckt auf chlorfrei gebleichtem Papier

1. Auflage: © 2001, Jahr Top Special Verlag GmbH & Co. KG, Hamburg

2. Auflage:
© 2006, Franckh-Kosmos Verlags-GmbH & Co. KG, Stuttgart
Alle Rechte vorbehalten
ISBN-13: 978-3-440-10681-5
ISBN-10: 3-440-10681-0

Layout: Klaus Kuisys

Printed in Italy / Imprimé en Italie

Rehböcke bilden den Schwerpunkt dieses Fotobildbandes. Aber auch Ricken und Kitze haben darin Eingang gefunden, da die Formenvielfalt des Rehwildes sich auf beide Geschlechter erstreckt.

Inhalt

Vorwort	Der Autor und sein Thema	6
Geweihentwicklung	Stangenaufbau	8
	Ein Bastbock im „CT"	16
	Entstehung der Rosen	18
	Perlenbildung	24
Mißbildungen	Nicht mehr normal (Einstangenböcke & Verwachsungen)	30
Mechanische Verletzungen	Bastverletzungen	36
	Kolbenscheitelverletzungen	38
	Von Kolben und Krallen	42
	Stangenbrüche	48
	Blasengeweihe	56
	Rosenstockbrüche	68
	Folgegeweihe nach Rosenstockbrüchen	80
	Pendelnde Rosenstöcke	86
	Ortsfremde Stangen	88
	Reiterknochen	92
	Anhängende Stangen	94
Hormonelle Störungen	Nun wird es „innerlich"	98
	Perückengeweihe	100
	Zwitter	110
	Gehörnte Ricken	112
	„Luxusgeweihe"	118
Störungen durch Parasiten	Widder und andere krumme Gesellen	120
	„Gummigeweihe"	124
Genetische und andere Phänomene	Tulpengeweihe	128
	Schaufelgeweihe	132
	Launen der Natur	138
	„Die liebe Verwandtschaft"	142
	Das Kleeblatt	144
	Kreuzböcke	148
Interessante Sammlungen	Die Cottasche Sammlung	152
	Die Sammlung Pielowski/Jahr	154
	Das Ostpreußische Landesmuseum	160
	Danksagungen, Literaturhinweise	164

Vorwort

Der

Bereits in der Ausgabe Nr. 14 der Deutschen Jäger-Zeitung von 1958 veröffentlichte Ulrich Herbst einen Beitrag über abnorme Böcke...

... 40 Jahre später, im Juli 1998, begann er mit der JÄGER-Redaktion eine neue Artikelserie.

Autor und sein Thema

Keine andere Wildart unserer Reviere zeigt so viele Spielarten in der Geweihbildung wie der Rehbock. Der Aufgabe, diese unterschiedlichen Geweihformen zu erfassen, sie zu beschreiben, zu untersuchen und zu deuten, widmet sich Ulrich Herbst mit hoher Intensität in Wort und Bild.

Warum sind manche Rehgeweihe* gut geperlt und andere weniger? Wie entstehen Rosen? Wie kommt es zu Tulpen- oder Widder-, wie zu Gummi- oder Luxusgeweihen? Welche Folgen haben Stangen- oder Rosenstockbrüche? Diesen und vielen weiteren Fragen ist Ulrich Herbst Zeit seines Lebens nachgegangen. Die Ergebnisse seiner langjährigen Forschungen finden Sie in diesem Buch. Es bietet jedem Rehwildjäger neue erstaunliche Erkenntnisse über das Entstehen der verschiedenen abnormen Geweihe beim Rehbock.

Seit frühester Kindheit sind Ulrich Herbst Jagd und Rehwild vertraut. Geboren wurde er am 11. Mai 1935 als Förstersohn in Wehlen, einem kleinen Dorf in der Zentralheide. Nach dem Besuch der staatlichen Oberschule in Soltau absolvierte Herbst eine Lehre als Industriekaufmann in Braunschweig, obwohl er eigentlich in die Fußstapfen seines Vaters treten wollte. Doch zunächst vergaben die Bundesländer keine Zulassungen für die Ausbildung zur Forstlaufbahn.

Aber Herbst schaffte es schließlich doch, seinen Herzenswunsch zu verwirklichen: Er gehörte zu dem ersten regulären forstlichen Annahmejahrgang in Niedersachsen nach dem Zweiten Weltkrieg. Bereits 1961 kam Herbst ins damalige Forstamt Lüchow im heutigen Landkreis Lüchow-Dannenberg. 1969 wurde ihm die Leitung der Revierförsterei Schletau in Lemgow übertragen. Hier wirkte er über 30 Jahre als interessierter Waldbauer, Naturschützer und Jäger. Als gelernter Kaufmann achtete Herbst auf die Produktivität des Waldes, als Naturfreund betreute er eine vielfältige Pflanzen- und Tierwelt in seinem Revier. So brüten heute beispielsweise Kraniche im Schletauer Forst.

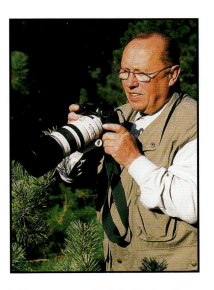

Für Jäger war insbesondere die Hubertusjagd in der Revierförsterei jedes Jahr ein jagdlicher Höhepunkt. Rot-, Dam-, Muffel-, Reh- und Schwarzwild sowie Fuchs und Hase kamen vor. So war die Strecke stets bunt und meist stattlich.

Öffentlichkeitsarbeit war für Herbst selbstverständliche Dienstpflicht. Zahlreiche Waldführungen für Schulklassen oder Senioren und viele Gäste in seiner Blockhütte belegen dies. Einen Namen machte sich Herbst darüber hinaus mit der Produktion von zahlreichen Fernsehfilmen. Sein bekanntester „Das Jahr mit den Mäusen" zählt zu den meist gesendeten Tierfilmen der vergangenen Jahre.

Seine Arbeiten über Trophäen des Rehbocks machte Ulrich Herbst schon früh publik. Bereits 1958 veröffentlichte er einen Beitrag in der Deutschen Jäger-Zeitung, dem Vorläufer des JÄGER. Die JÄGER-Rehbock-Hitparade war für Herbst Anlaß, 1998 eine Serie über Geweihabnormitäten beim Rehwild zu starten. Auf der Grundlage dieser JÄGER-Serie ist dieses Buch entstanden. Es zeigt auf populärwissenschaftlicher Basis, wie es zu verschiedenen abnormen Rehkronen kommen kann.

Fachliche Unterstützung zum Abfassen des Buches erhielt Herbst durch zwei Freunde, einmal den Göttinger Biologen Professor Dr. Klaus Fischer sowie den Tierarzt Manfred Woop aus Osterburg in Sachsen-Anhalt. Mitgewirkt an diesem Werk haben außerdem Sabine Griem (Korrektur), Walter Bachmann (Lektor) und Klaus Kuisys (grafische Gestaltung).

Dr. Rolf Roosen
Chefredakteur JÄGER

Ulrich Herbst hat mittlerweile tausende Naturmotive abgelichtet. Seine Diaserie über abnormen Rehwildkopfschmuck umfaßt inzwischen auch schon mehrere hundert Bilder. Viele von ihnen bilden die Basis zu diesem Buch.

* In diesem Werk wird bewußt auf die traditionelle, aber biologisch unrichtige Bezeichnung „Gehörn" verzichtet.

Geweihentwicklung

Stangenaufbau

Alljährlich schieben gesunde Böcke ein neues Geweih. Tageslichtlänge und Hormone steuern diesen Prozeß.

Die Steuerung des Geweihzyklus im Jahresverlauf geschieht über Hormone und ist ein äußerst komplizierter Vorgang – selbst Wissenschaftler kennen die Abläufe nicht bis ins letzte Detail. Die treibende Kraft für das Geweihwachstum wird dem insulinartigen Wachstumshormon IGF_1 zugeschrieben. Dieses Hormon wird in der Leber oder auch in der Geweihwachstumszone selbst produziert. Es wird bei gleichzeitig geringem Testosteron wirksam. Das Geweihwachstumshormon überwiegt während der gesamten Kolbenzeit und treibt das Schieben der Stangen voran. Sein Gegenspieler, das Testosteron, ist Auslöser für die Samenbildung vor der Brunft. Ein sehr stark steigender Testosteronspiegel hebt die Wirkung des Geweihwachstums auf. Dadurch wird das Kolbenwachstum beendet, bis das Geweih schließlich gefegt wird.

Monate nach der Brunft leitet der drastisch absinkende Testosteronspiegel das Abwerfen des Geweihs ein. Der beherrschende Faktor beim Geweihzyklus ist jedoch die Tageslichtlänge. Sie gibt im Jahresverlauf Signale, „wann was passiert".

Am gefegten Geweih kann man zwei knöcherne Abschnitte unterscheiden. Der untere Teil ist der Teil des Geweihs, an dem der Rosenstock fest mit der Schädeldecke verbunden ist, und der obere Teil ist die Stange, die dem Rosenstock aufsitzt. Im Unter-

Im Unterschied zum Rosenstock bestehen die fertigen Stangen nach dem Fegen aus abgestorbenem Knochengewebe und werden jährlich abgeworfen.

schied zum Rosenstock bestehen die fertigen Stangen nach dem Fegen aus abgestorbenem Knochengewebe, die jährlich abgeworfen werden. Nach *Dr. Rolf* muß das Geweih nach dem Fegen noch lange Zeit als lebendig angesehen werden. Untersuchungen von ihm haben ergeben, daß das gefegte Geweih sogar bis kurz vor dem Abwerfen durchblutet ist. Kontrastmittel waren bis zu einer erheblichen Höhe im gefegten Geweih nachweisbar. Dies kann also nur über ein inneres kapilares Blutsystem erfolgt sein, da ja die Bastschicht mit den Blutbahnen nach dem Fegen nicht mehr vorhanden ist. Die Versorgung der Stangen ist also komplizierter als jemals gedacht. Nach dem Abwerfen der vorjährigen Stangen bildet sich auf der Knochenwunde ein schnell verschorfendes Blutkissen als Infektionsschutz. Dieses Blutkissen wird von der Haut des Rosenstockes sehr rasch unterwachsen. Das verschorfte Blutkissen wird später bei beginnendem Kolbenwachstum abgehoben. Unter der Haut findet eine knochenauflösende Glättung der Abbruchstelle durch Osteoklasten statt. Dadurch wird der Rosenstock von Jahr zu Jahr niedriger. Die an Leder erinnernde äußerst empfindliche Narbenhaut wandelt sich jetzt sehr schnell zu einer mehr und mehr dicht behaarten Art des Bastes, unter der sich eine imponierende Neubildung in kolbenartigem Vorwachsen sowohl der Basthaut als auch der darunterliegenden Kolbenstange anschließt. Das wachsende Geweih wird über ein kompliziertes System mit Blut aus der Halsschlagader über die Schläfenarterien und einem Ast der Stirnarterie versorgt. Nach den Vor-

Geweihentwicklung

stellungen von *Dr. Bubenik* enden diese ringförmig um den Rosenstock nahe den Rosen, die gleich beim Kolbenwachstum angelegt werden.
Von hier aus werden aufstrebende Blutbahnen gebildet, die über und durch die Rosenperlen zum Bast gelangen. Zehn bis zwanzig Gefäße im Bast leiten das Blut bis zu den Spitzen des wachsenden Scheitels und ver-

sorgen über eine feine Verästelung auch das Stangeninnere. Die ableitenden Gefäße verlaufen sowohl im Bast als auch im Stangeninneren. Auf das knöcherne Balkenwerk der Rosenstöcke wird von oben her knorpelähnliches Gewebe aufgelagert. In diesem Stadium sind die oberen Teile der Kolbenstange noch elastisch und biegsam. Später wird in die Knorpelzellen Calciumphosphat eingelagert. Dies führt zu einer Verfestigung des Gewebes. Dann wird der Knorpel aufgelöst und durch Knochensubstanz ersetzt. Die Verkalkung erfolgt von unten her. Die Spitze der Kolbenstange besteht noch weiterhin aus unverkalkt knorpeligem und knöchernem Grundgewebe. Dieser Wachstumsscheitel enthält zahlreiche, stark mit Blut gefüllte Gefäße und ist sehr weich und äußerst empfindlich.
Perlen und Kämme werden erst nach Abschluß des Längenwachstums auf die Stange aufgelegt, auch die Perlen auf den

Böcke müssen ihr Geweih im Winter anlegen. Viele Gefäße versorgen in dieser nahrungsarmen Zeit das „Überschußprodukt" Geweih.

Untersuchungen ergaben, daß auch das fertig gefegte Geweih noch intensiv durchblutet wird.

Stangenaufbau

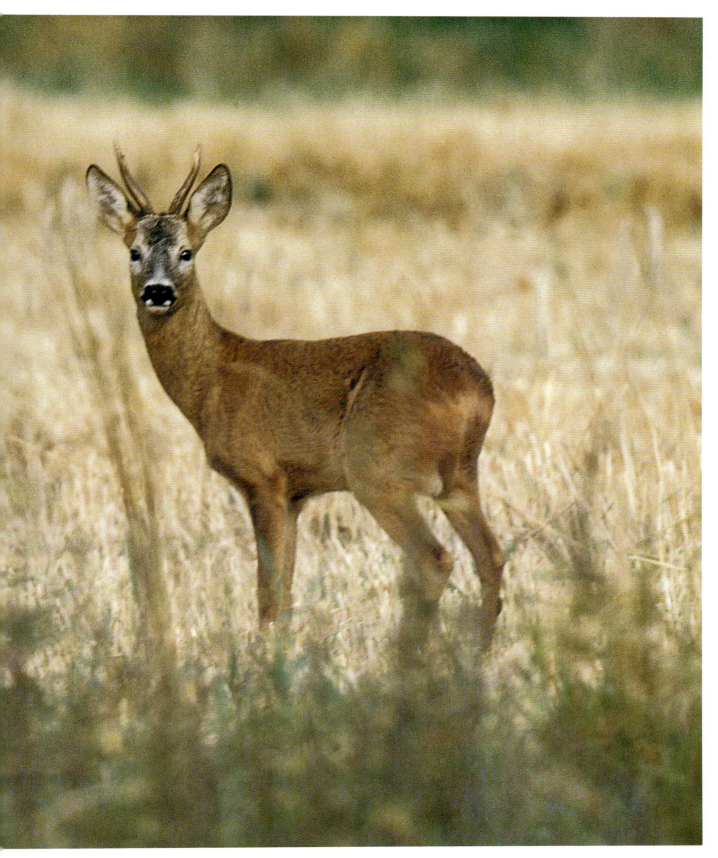

Geweihentwicklung

Rosen. Die Blutgefäße werden dabei durch Auflagerung auf die Stange regelrecht eingemauert. Am gefegten Geweih kann man den Verlauf der großen Gefäße oft an den Rinnen zwischen den Kämmen und Perlen erkennen. Die Gefäße in den Stangen verengen sich im Laufe des Wachstums mehr und mehr.

Aus dem zunächst lockeren Knochengewebe entstehen so feste und belastbare Stangen. Die Stangen bestehen also nicht aus einem massiven Knochenmaterial, sondern aus einem äußeren, dichten Knochenmantel und einer inneren, lockeren Knochengewebsstruktur. Eine so aufgebaute Stange ist somit immer stabiler als ein vergleichbarer massiver Knochenkörper.

Das jährliche Abwerfen der Stangen wird dadurch eingeleitet, daß die knöcherne Verbindung zwischen Rosenstock und Geweihstangen aufgelöst wird. Das an der Abwurfstelle bestehende Knochengewebe wird durch Osteoklasten nach und nach resorbiert. An der Abwurfstelle bleibt zunächst eine dünne Knochenbrücke erhalten. Gleichzeitig beginnt das epidermale Gewebe verstärkt zu wachsen, welches die Rosenstöcke umgibt. Dieses Gewebe ist schon vor dem Abwerfen der alten Stangen als Wulst seitlich unter den Rosen zu erkennen. Die Abwurfstelle ist verhältnismäßig rauh und wird durch ein schnell verschorfendes Blutkissen versiegelt. Die Blutflüssigkeit kommt aus den Rosenstöcken. Die Hautschichten überwachsen in kurzer Zeit die Abbruchstelle und verschließen sie mit einem Hautkissen. Der Prozeß beginnt von vorn...

Ähnlichkeiten finden wir in der Pflanzenwelt. Eine frische Schnittfläche an einem Baum wird von außen nach innen rasch überwallt. In beiden Fällen ist dies ein sicherer Schutz vor Infektionen. Gelingt der rasche Verschluß großer Wunden nicht, können bei der Geweihentwicklung frühe Entzündungen zu Abnormitäten führen, beim Baum mit der Feuchtigkeit Pilze eindringen, die Fäulnis zur Folge haben.

Stangenaufbau

Links: Das jährliche Abwerfen der Stangen wird dadurch eingeleitet, daß die knöcherne Verbindung zwischen Rosenstock und Geweihstangen aufgelöst wird.

Unten: Schnell werden die Abwurfstellen von einer sensiblen Haut verschlossen.

Unten: Das wachsende Geweih ist von einer Basthaut überzogen und wird über ein kompliziertes System mit Blut aus der Halsschlagader über die Schläfenarterien und einem Ast der Stirnarterie versorgt.

Geweihentwicklung

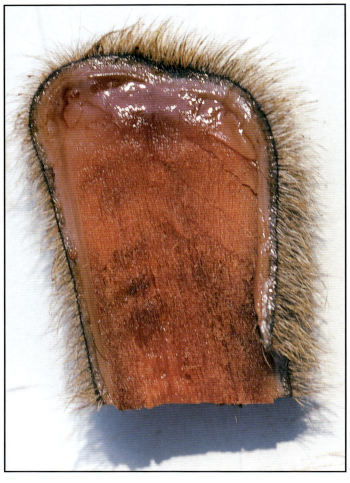

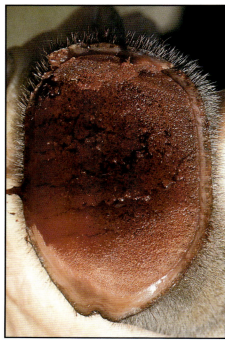

Oben: Wachstumsscheitel mit aufgelagertem, knorpelähnlichem Gewebe und der darunterliegenden Knochenbälkchenzone.

Rechts: Auch das Stangeninnere ist über ein kapilares Blutsystem stark durchblutet.

Ganz rechts: Auf der Innenseite der abgezogenen Basthaut sind deutlich die auf- und abstrebenden Blutbahnen zu erkennen.

Stangenaufbau

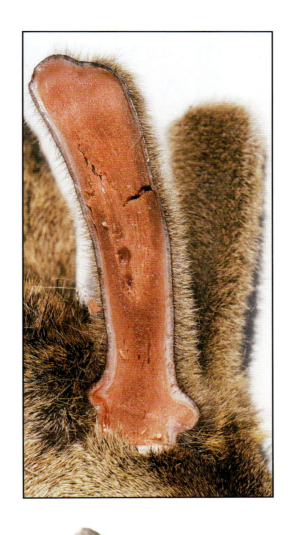

Ganz links: Eine noch wachsende Kolbenstange, von der die Basthaut abgelöst wurde. Der Rosenkranz ist sofort bei Wachstumsbeginn angelegt. Die Auflage der Perlen erfolgt erst viel später.

Links: Mit einem scharfen Messer lassen sich Kolbenstange und darunterliegender Rosenstock mühelos bis auf die Schädeldecke auftrennen. Der vorher harte Rosenstockknochen wird während der Wachstumsphase entmineralisiert und dadurch weich. Geweihstange und Rosenstock gehen dabei ohne erkennbare Grenzen ineinander über. Deutlich ist zu erkennen, wie sich ein Blutgefäß auf der Außenseite der Rose nach oben zieht.

Unten: Querschnitt einer Stange mit festem äußeren Knochenmantel und lockerem Inneren.

Geweihentwicklung

Hier ist eine dreidimensionale (3D-)Oberflächenansicht eines Rehbockschädels dargestellt. Dazu wurde der Kopf zentral in den Computertomographen (CT) plaziert. Und es konnten bei kontinuierlich kreisender Röntgenröhre (Spiral-CT) 126 Schichten mit einer Dicke von 2 mm angefertigt werden. Die erfaßten Schichten wurden im Systemrechner „übereinandergestapelt". Aus diesen Bildern ließen sich Schichten beliebiger Ebenen und Oberflächen- und Volumenschichten darstellen. Die Oberflächen von Schädel, Stangen und Lauschern sind gut erkennbar.

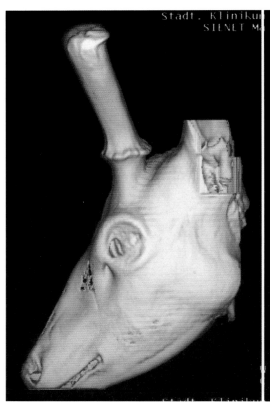
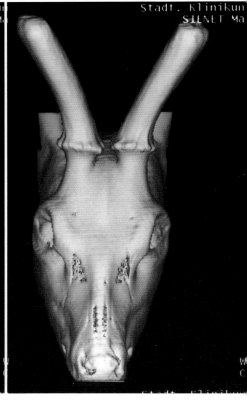
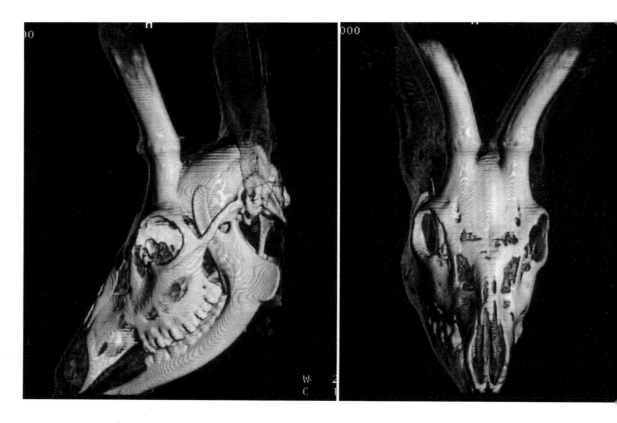

Ein Bastbock im „CT"

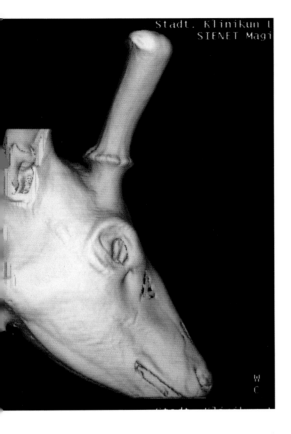

Für die meisten Jäger ein ungewohnter Anblick, mit Hilfe eines CTs einem Bastbock ins Innerste zu schauen.

Die genauere Untersuchung mehrerer Bastböcke, die dem Straßenverkehr zum Opfer fielen, brachten mir Erkenntnisse, über die ich mit einem sehr interessierten Arzt und Jäger sprach. Dieser bot mir an, einen solchen Bastbockschädel im CT darzustellen. Die dreidimensionalen Aufnahmen beweisen eindeutig, daß Rosenstock und die neuangelegte Stange vom Durchmesser her identisch sind, daß die Anlage zur Rose mit Beginn des Stangenwachstums erfolgt und die Stangen zunächst ohne Perlung geschoben werden.

Zu einer bestimmten Zeit wiesen der vorher noch hart verknöcherte Rosenstock und die darauf wachsende Stange ähnlich „weiche" Strukturen auf, die ohne erkennbare Grenzen ineinander übergehen. Auf Grund von Beobachtungen an handzahmem Gatterwild berichten viele Wildhalter übereinstimmend, daß bis kurz vor dem Fegen das Bastgeweih sich warm und elastisch anfühlt und daß mit Beginn der Geweihbildung die Pulsation beim Berühren der Baststangen zu spüren ist. Die wachsenden Stangen haben eine hohe Sensibilität. Dies läßt die Vermutung zu, daß neben temporär gebildeten Gefäßen auch Nervengewebe gebildet wird. Ein Gedanke, den Wissenschaftler prüfen sollten, denn bislang ist die Neubildung von Nervengewebe im adulten Säugetier nicht bekannt. Es könnte aber auch sein, daß beim Berühren der Baststangen der Druck auf die Gefäße eine Reaktion auslöst.

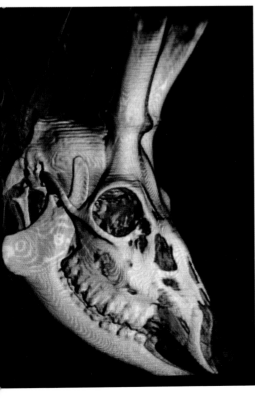

Eine Differenzierung in den knorpeligen und bereits verknöcherten Anteil gelingt erst mit der „Volume Rendering Technique" (VTR). Eine ebenfalls dreidimensionale Darstellung – ermöglicht aber mehr den Blick ins Innere. Einzelne Objekte oder anatomische Strukturen werden dabei segmentiert. Bei den hier gewählten Parametern ergibt sich eine Oberflächendarstellung des Schädelskeletts und eine semitransparente Abbildung der Weichteile. Gut läßt sich hier der bereits verknöcherte Anteil des Geweihs von den knorpeligen Abschnitten – besonders dem Wachstumsscheitel – trennen. Die Lauscher stellen sich halbtransparent dar.

Geweihentwicklung

Entstehung der Rosen

Die Anlage der Rosen erfolgt gleich zu Beginn des Kolbenwachstums.

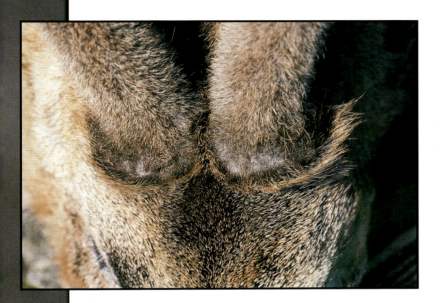

Das Geweih von unserem kleinsten Cerviden – dem Rehbock – hat verhältnismäßig starke Rosen und Perlen. Beide haben eine große Bedeutung. Sie schützen einen großen Teil des Schädels vor heftigen Geweihstößen eines Rivalen. Gleichzeitig sind sie auch ein wichtiger Schutz für den Keimsaum und den schwierigen Deckenabschluß an den Rosenstockknochen des Geweihs – direkt unterhalb der Rose.

Die neue Kolbenstange wird bei Beginn ihres Wachstums sofort in ihrer endgültigen Stärke angelegt. Ein Dickenwachstum findet danach nicht mehr statt. Auffallend ist, daß mit Beginn des Kolbenwachstums auch die Anlage zu den Rosen erfolgt.

Die Rosenform am Rehwildgeweih ist sehr vielseitig und genetisch bedingt. So findet man von der Schnurrose über die Kranz- und Muschelrose bis hin zur Dachrose sehr interessante Varianten.

Oben: Unter der Basthaut ist der Wulst der mit Beginn des Kolbenwachstums angelegten Rose zu erkennen.

Rechts: Bei einem rosenlosen Geweih wird besonders deutlich: Rosenstockdurchmesser und Durchmesser der neuangelegten Stange sind identisch.

Links: Tief heruntergezogene Dachrosen sind nicht immer ein Beweis für hohes Alter, sondern genetisch bedingt.

Geweihentwicklung

Da rosenlose Geweihe nur in bestimmten eng begrenzten Gebieten immer wieder auftreten, kann das Fehlen der Rosenanlage erblich bedingt sein. Es besteht jedoch auch der Verdacht, daß Pestizide über den Blutkreislauf die normale Entwicklung der Geweihe beeinflussen und z.B. zum Fehlen der Rosen führen können.

Stangen mit „Scheinrosen" kommen selten vor. Derartige Rosenformen und gehäufte Perlenansammlungen können durch Verletzung der Baststangen entstanden sein.

Geweihentwicklung

Die enorme Länge der Stangen, ihre gute Perlung und wuchtigen Rosen kennzeichnen das Geweih dieses Bockes.

Perlenbildung

Erst wenn die Stange unter der Basthaut fast vollständig entwickelt ist, entsteht die Perlung.

Den Perlen an den Geweihstangen der Rehböcke ist eine ungeheure Variabilität in Form, Größe und Farbe eigen.

Eine wachsende Kolbenstange, wie auf Seite 15 dargestellt, zeigt bis zum Abschluß des Längenwachstums und der Vereckung eine fast völlig glatte Oberfläche. Die Kanten und Perlen werden am Schluß des Geweihwachstums der Oberfläche aufgelagert. Perlen bilden sich um so stärker aus, je mehr Baustoff und Zeit gegen Ende des Kolbenwachstums zur Verfügung stehen. Es ist die letzte Geweihausformung vor dem Fegen. Perlen und Stangenenden sind in ihrem Gefüge gleich.

Perlen weisen die unterschiedlichsten Formen auf. So hat jeder Bock genetisch seinen eigenen Perlentyp. Die Perle hat meist eine flache, halbkugelige Form, kann aber auch die Gestalt eines stumpfen oder sogar spitzen Kegels aufweisen. Infolge der Stangenrundung streben die Spitzen nebeneinander stehender Kegel auseinander. Sie bleiben jedoch oft durch erhebliche Baustoffauflagerungen miteinander verbunden. So können sich Blöcke, Wülste, Bänder und andere vielfältige Gebilde aus Perlen entwickeln, deren Kopf oft stärker ist als ihr Fuß. Die dichtesten und stärksten Perlen und die größten Perlengruppierungen befinden sich immer an der hinteren Innenseite der unteren Stangenteile und entlang der Blutbahnen. Starke Perlen sind in der Lage, Stöße beim Kampf abzufangen, die auf das Schädeldach gerichtet sind.

Perlen mit hellen, blanken Köpfen sind durch häufiges Schlagen blankgescheuert und blankpoliert worden. Schwache Perlungen kann es auf armen Standorten mit schlechten Äsungsverhältnissen geben, gute Perlenbildungen in üppigen Äsungsgebieten.

Geweihentwicklung

Dicht gedrängt wirken die zahlreichen, kleinen Perlen wie ein Korallengebilde.

Perlenbildung

Besonders im unteren und hinteren Stangenteil zieren spitze, endenartige Perlen dieses starkstangige Geweih.

Geweihentwicklung

*In diesem Buch gibt es zahlreiche Bilder, die auf erstaunlich viele Parallelen zwischen der Geweihbildung und den Geweihabnormitäten einerseits und Wuchsformen sowie Verletzungen an den Pflanzen andererseits hinweisen wollen.
So zeigen diese beiden Birken eine ähnliche innerartliche Variationsbreite wie die Böcke, deren Perlenbildung gezeigt wird. Auch bei diesen Bäumen findet sich eine unterschiedliche „Perlung".*

Perlenbildung

Eine recht starke Rehkrone, die überhaupt keinen Perlenansatz zeigt. Dies ist keine krankhafte Erscheinung, sondern vermutlich der ganz normale Perlentyp dieses Bockes.
Eine Perlung kann jedoch auch ausbleiben, wenn es zu einem rasch und stark ansteigenden Testosteronspiegel am Ende des Kolbenwachstums kommt. Dadurch wird das Geweihwachstum plötzlich abgeschlossen und das Fegen eingeleitet. Für die Auflagerung der Perlen bleibt dann keine Zeit mehr.

Mißbildungen

Das Auftreten von echten Einstangengeweihen beruht auf einer vorgeburtlichen Veränderung. Dieser Defekt bleibt zeitlebens bestehen.

Nicht mehr normal

Mißbildungen sind meist angeboren. Regelwidrigkeiten entstehen dagegen durch Verletzungen, Stoffwechselkrankheiten und hormonelle Störungen.

Echte Mißbildungen sind nur solche Anomalien, deren Bildung bereits embryonal angelegt worden ist. Sie sind während des Austragens der Frucht im Mutterleib entstanden. Sie können sowohl genetisch bedingt als auch vor der Geburt erworben sein. Fehlerhaftes Erbgut kann ebenso die Ursache sein, wie Mängelzustände, zum Beispiel an Vitaminen, Mineralien oder Eiweiß-

Noch zeigt das Bockkitz weder Mißbildungen noch Regelwidrigkeiten.

stoffen. Während der Tragzeit können ferner chemische Einflüsse Fehlbildungen fast aller Organe und somit auch der Geweihentwicklung auslösen.

Beim Rehbock kann man hierzu die fehlende Anlage von einem oder beider Rosenstöcke zählen. Dies führt lebenslänglich zu Plattköpfigkeit oder zur Bildung von echten Einstangengeweihen. Ein Entwicklungsfehler der Geweihanlage in den Stirnbeinen während des embryonalen Wachstums kann aber auch Auslöser für sehr enggestellte Rosenstöcke sein.

Dies führt zu Stangenverwachsungen in unterschiedlicher Höhe.

Eine weitere Anomalie beim Rehwild ist die Zwitterbildung. Sie besteht in einer Doppelgeschlechtlichkeit unterschiedlichen Grades. Diese Zwitterbildungen entstehen ebenfalls vor der Geburt. Vielfach handelt es sich um eine äußere (sekundäre) Doppelgeschlechtlichkeit, zum Beispiel bei gehörnten Ricken. Ferner sind Fälle bekannt, bei denen die äußeren Geschlechtsteile und Geschlechtswege betroffen sind. Echte Zwitter, bei denen die Keimdrüsen (Hoden und Eierstöcke) betroffen sind, kommen recht selten vor.

Regelwidrigkeiten werden durch Verletzung der Stangen, der Rosenstöcke, des Wildkörpers oder durch Stoffwechselkrankheiten und durch hormonelle Störungen verursacht. Diese Fälle machen in diesem Werk den mit Abstand größten Anteil aus. Verletzungen am wachsenden Geweih führen zu einfachen Deformationen, Stangenteilungen, Vielendigkeit. Abgeknickte Stangen, die jedoch noch vom Bast gehalten werden, reagieren mit den vielseitigsten Korrekturen. Werden dabei Bast und Knochenhaut verletzt, können Infektionen zu Vereiterungen mit Abflußkanälen und starken Auftreibungen (Blasenbildung) führen. Rosenstockbrüche haben Pendelstangen mit teilweise enormen Kallusbildungen zur Folge. Stark zerrissene und zertrümmerte Rosenstöcke und Kolbenscheitel führen zur Bildung zusätzlicher Enden, Krallen und ganzer Stangen. Abgesplitterte Rosenstockteile oder beschädigte Stirnbeine können ortsfremde Stangen oder Reiterknochen erzeugen. Allgemeine Stoffwechselstörungen, Infektionen, Parasiten haben die unterschiedlichsten Geweihformen

Mißbildungen

zur Folge. Ebenfalls vor der Geburt entstehen verschiedenartige Verwachsungen der Stangen, die in unterschiedlichen Formen vorkommen können. Dieses Krankheitsbild ist aber äußerst selten. Ursachen dafür sind extrem eng gestellte Rosenstöcke, krankhafte Knochenhautentzündungen oder ein Entwicklungsfehler der Geweihanlage in den Stirnbeinen während des embryonalen Wachstums. Bei noch getrennt, aber sehr nahe nebeneinander stehenden Rosenstöcken beginnt in seltenen Fällen eine Verwachsung in Höhe der Rosen oder darüber liegenden Stangenteilen. Dabei kommt es nur zu echten Verwachsungen, wenn die Rosen in einem äußerst frühen Wachstumsstadium aneinander gepreßt werden. Ist das Kolbenwachstum jedoch schon weiter fortgeschritten, platten sich die berührenden Rosen und Stangenteile gegeneinander ab, ohne daß es zu einer Verschmelzung kommt. Die gegeneinander gewachsenen Stangen weisen dann eine deutliche Trennungslinie auf. Zwei übermäßig enggestellte Rosenstöcke können im Laufe des Lebens durch Dickenwachstum zu einem Rosenstock verschmelzen. Dies ist ein sehr langsamer Prozeß. Gelegentlich kann bei Knochenhautentzündungen (und somit krankhaftem Dickenwachstum) eine sehr rasche Verschmelzung beobachtet werden. Auffallend ist, daß die meisten Stangenverwachsungen stark verkürzte, fast bis zum Verschwinden niedrige Rosenstöcke zeigen. Die verschmolzenen Rosenstöcke liegen wie ein massiver, flacher Sockel auf der Schädeldecke. Oft trennen sich bei Verwachsungen die Stangen im oberen Teil wieder. Ab dort werden auch wieder normale Enden geschoben.

Auch bei zwei fest verwachsenen Bäumen zeigt Mutter Natur vergleichbare Wachstumsmuster.

Nicht mehr normal

Eine echte hohe Stangenverwachsung auf verschmolzenem Rosenstock. Da jede Stange ihr eigenes Bildungszentrum hat, streben sie im oberen Teil wieder auseinander und entwickeln sich völlig normal weiter.

Mißbildungen

Auf einem tief angesetzten geschlossenen Rosenstocksockel stehen zwei im unteren Teil festverwachsene wuchtige Stangen. Beim Abwerfen würden die Stangen eine Einheit bleiben.

Nicht mehr normal

Auf fast verwachsenen Rosenstöcken stehen gegeneinander gewachsene Stangen. Die deutliche Trennungslinie zeigt, daß es keine echte Verwachsung ist. Beim Abwerfen des Geweihs würden die Stangen auseinanderfallen.

Mechanische Verletzungen

Bastverletzungen

Die Basthaut dient den wachsenden Stangen als Versorgungsorgan.

Oben: Eingewachsene Stacheldrahtzäune sind häufig Ursache für Bastverletzungen.

Links: Die Verletzung gleich zu Beginn der Kolbenzeit ist geringfügig.

Großes Bild: Selbst bei sibirischer Kälte erfriert das heranwachsende Geweih eines Rehbocks nicht.

Wachsende Kolbengeweihe sind hochempfindlich. Die Basthaut ist stark durchblutet und weich. Obgleich sich Böcke während der Bastzeit äußerst vorsichtig verhalten, kann es dennoch zu Verletzungen kommen, die sich je nach Lage und Stärke auf die weitere Geweihentwicklung auswirken. Besonders Zäune, ob eingewachsene Stacheldrahtzäune oder Kulturgatter, führen nicht nur beim Bastgeweih zu häufigen Schäden.

Leichte Bastbeschädigungen durch Druck, Schlag oder Riß verheilen meist schnell und ohne große Auswirkungen auf das Kolbenwachstum, wenn das Kolbengewebe nicht mit betroffen ist. Dadurch zurückgebliebene Schäden lassen sich am verfegten Bastgeweih nur schwer erkennen und zuordnen. Auch an fast schon fertig entwickelten Stangen wirken sich Bastverletzungen nur noch minimal aus.

Schwere Bastabschürfungen und tiefe Schnitte bis in das Kolbengewebe hinein hinterlassen jedoch deutliche Narben. Kommt bei einem frühen Wachstumsstadium eine Infektion hinzu, führt dies zu Stangendeformierungen wie Ausbuchtungen oder Knicken in der Stange oder den Enden.

Allen Bastverletzungen ist gemeinsam, daß die Folgen nur im Jahr der Beschädigung sichtbar sind. Hat der Bock abgeworfen und schiebt neu, sind alle Anomalien verschwunden.

Mechanische Verletzungen

Kolbenscheitelverletzungen

Je früher und stärker ein Wachstumsscheitel verletzt wird, desto nachhaltiger sind die Folgen.

Links: Eine frühe Verletzung des Baumes am Stammfuß hat zu seiner Teilung geführt.

Unten: Auch dieser Bock zeigt Folgen einer „Stammfußverletzung": Die linke Stange teilte sich tief. Die Rose konnte nicht mehr korrekt angelegt werden.

Die empfindlichste Partie beim wachsenden Geweih ist die Wachstumszone – der Kolbenscheitel. Diese stark durchblutete, weiche Zone ist schon wegen ihrer exponierten Lage besonders anfällig für jede Art von Verletzungen. So z.B. bei panikartiger Flucht unter einem Stacheldraht durch oder bei einem heftigen Aufprall gegen ein Kulturgatter. Dies kann zu Quetschungen, Stauchungen bis hin zum Zerschmettern und Zerteilen des ganzen Bildungssaumes führen. Dann kommt es zu erheblichen Wachstumsstörungen. Der Grad der Wachstumsstörung hängt vom Zeitpunkt der Verletzung sowie deren Größe und Art ab. Je früher und heftiger eine Verletzung ausfällt, desto massiver ist die daraus entstehende Abnormität.

Die einfachste Verletzungsfolge ist die Stangenteilung. Bei restloser Zertrümmerung des Bildungssaumes wird auch diese Wunde sehr schnell mit Schorf und anschließend mit einer neuen Basthaut verschlossen. Auf dem zerrissenen Bildungssaum entwickeln sich neue Wachstumszonen, die einen wahren Stangenwald hervorbringen können. Da diese Stangen nicht aus eigenen Rosenstöcken entstehen, bezeichnet man sie als „unecht".

Mechanische Verletzungen

Frühe Verletzungen des Kolben- oder des Baumscheitels in Erdnähe führen bei Tier und Pflanze zu tiefen Teilungen. Beim Bock sind diese tiefen Stangenteilungen die einfachste Folge von Kolbenscheitelverletzungen.

Kolbenscheitelverletzungen

Ob Bock oder Baum... Frühe, stark beschädigte Kolbenscheitel haben mehrstangige Formen zur Folge.

Mechanische Verletzungen

Die Trophäe zeigt kräftige aufrecht stehende Stangenteile im oberen und zentralen Verletzungsbereich. An dem unteren, häufig zerrissenen Wundsaum sind krallenartige Auswüchse entstanden.

Von Kolben und Krallen

Frühe Zertrümmerungen des Kolbenscheitels führen zu hochinteressanten Geweihen, die neben einer Vielzahl von „unechten Stangen" häufig nach unten gerichtete Krallen aufweisen.

Auf vielen von mir besuchten Trophäenschauen konnte ich immer wieder beobachten, daß es bei frühen, tiefen Kolbenscheitelverletzungen recht häufig zur Bildung von Zacken oder Krallen kommt. Dabei ist auffallend, daß im Zentrum des zerstrümmerten Bildungssaumes neue Stangenteile aufrecht nach oben wachsen. Diese unechten Stangen zeigen selten eine Vereckung. Im unteren Randbereich einer großen Verletzungsstelle nehmen wachsende Stangenteile dagegen häufig eine nach unten oder seitlich gerichtete Krallenform an. Man findet diese Krallenbildung meist nur im unteren Stangenbereich.

Vermutlich unterliegen diese „abgesplitterten" Stangenteile wegen ihrer Randlage nicht mehr der normalen Geweihtrophik. Sie haben somit nicht mehr das Bestreben, senkrecht nach oben zu wachsen.

Es muß eine besondere Form der Verletzung sein, damit es zur Krallenbildung kommt. Der größte Teil der Kolbenscheitelverletzungen führt nicht automatisch zu einer Krallenbildung, sondern lediglich zur Mehrstangigkeit, die eindeutig nach oben gerichtet ist.

Eine besondere Form von Verletzung muß vorliegen, damit es – wie hier – zu einer Krallenbildung kommt.

Mechanische Verletzungen

Dieser Bock zeigt nach einer Kolbenscheitel-verletzung eine ausgeprägte Stangenteilung und eine typische Kralle.

Von Kolben und Krallen

Das Geweih zeigt beeindruckend starke Dachrosen, die in klobige Stangen übergehen, und zusätzlich eine beidseitige Stangenteilung mit nach hinten gerichteten langen Zacken.

Mechanische Verletzungen

Alle drei Geweihe bestechen durch einen Endenwald, tiefe Stangenteilungen, wuchtige Perlen sowie durch interessante Krallenbildungen.

Von Kolben und Krallen

Mechanische Verletzungen

Zahlreiche Rehe werden besonders mit Beginn der Vegetations- und in der Blattzeit auf unseren Straßen überfahren. Nur in seltenen Fällen kommt ein Bock mit einem Stangenbruch – wie im nebenstehenden Bild – davon. Der Zusammenstoß mit einem Auto ist meist tödlich.

Stangenbrüche

Wenn Kolbenstangen brechen, gibt es nach Ausheilung der Wunde und bei weiterem Wachstum in allen Fällen eine Korrektur nach oben.

Bei Diskussionen über die Ursachen von Stangenbrüchen – und den später geschilderten Rosenstockbrüchen – sind viele Jäger der Meinung, daß vorwiegend das Auto hierfür verantwortlich wäre. Dies halte ich jedoch für sehr unwahrscheinlich. Autos verursachen meist tödliche Körpertreffer, und nur selten kommt ein Bock mit Bast- oder Stangenverletzungen davon.

Es gibt eine große Sammlung mit Stangenbeschädigungen und Rosenstockbrüchen aus den Jahren 1948 bis 1960. Alle Böcke stammen aus einem Revier in der Zentralheide. Autoverkehr gab es dort in den Nachkriegsjahren so gut wie gar nicht – aber bereits genauso viele Geweihschäden wie heute. Der Zaunanteil in diesem Revier war damals schon sehr hoch. Als weitere Verletzungsmöglichkeiten werden oft Beschädigungen durch Kämpfe um Einstandsgebiete in Betracht gezogen. Dies mag sicherlich zutreffen, wenn die Stangen kurz vor dem Fegetermin durchmineralisiert sind, eine gewisse Stabilität haben und schmerzunempfindlich sind.

Während der Bastzeit bewegen sich Böcke jedoch äußerst vorsichtig und versuchen, alle Verletzungen am empfindlichen Bastgeweih zu vermeiden. Daher vermute ich, daß Verletzungen während der Wachstumphase zum größten Teil auf das Konto von Zäunen und Kulturgattern gehen, die von Böcken angeflohen werden. Eine angebrochene Stange behält – durch die Basthaut gehalten – meist ihre ehemalige Stellung bei. Wenn keine Infektion hinzukommt, heilt die Wunde erstaunlich schnell. Später ist nur die Bruchstelle durch eine Verdickung gekennzeichnet.

Bei schweren Kolbenbrüchen wird die Basthaut überdehnt. Das abgebrochene Kolbenende senkt sich meist seitlich oder nach vorne ab. Hier wird es durch das Bast- und Bindegewebe gehalten. Bei einem meist schnellen Heilungsprozeß entsteht wieder eine feste Verbindung der Stangenteile. Je nach Entwicklungsstadium kommt es dann zu einem weiteren Stangenwachstum.

Auf dem höchsten Punkt der Bruchstelle bilden sich häufig mehrere Bildungssäume, aus denen Notenden oder auch längere Stangenteile wachsen, die immer aufwärts streben.

Mechanische Verletzungen

Auch bei Bäumen...
Beschädigte und abgesenkte Ast- und Stammteile bilden sehr schnell neue Keimbereiche, die nach oben gerichtete „Enden" hervorbringen.

Stangenbrüche

Gleich vier Enden bildete dieser Rehbock nach einem schweren Stangenbruch der rechten Stange nach oben aus.

Selbst die zum Schluß des Geweihwachstums auf das abgesenkte Stangenende aufgelegten Perlen streben nach oben.

Mechanische Verletzungen

Dieser Bock hat im frühen Wachstumsstadium einen einseitigen Stangenbruch erlitten. Die seitlich abgeknickte Stange konnte durch Bindegewebe und die ledrige Basthaut in einem beinahe rechten Winkel gehalten werden. Der Bruch heilte schnell wieder zu einer starren Stangenverbindung aus. Da die Blutgefäße nicht völlig abgeklemmt waren, ging der Aufbau der beschädigten Stange weiter. Bei dieser Art der Verletzung ist die bogenförmig nach oben gehende Korrektur typisch. Fast alle Stangenbrüche lassen außerdem eine auffallende Verdickung an der ehemaligen Bruchstelle erkennen, ebenso oft eine reiche und kranzförmige Perlenanordnung. Die Perlen streben ebenfalls nach oben.

Beide Böcke zeigen einseitige Stangenbrüche, die in der Wachstumsphase entstanden sind. In beiden Fällen haben sich die Kolbenenden nach dem Bruch völlig nach unten gesenkt. Auch bei ihnen wurde der abgebrochene Stangenteil nur noch durch Bindegewebe und Basthaut gehalten. Allerdings waren bei diesen Böcken die Blutbahnen abgeklemmt, so daß eine weitere Versorgung der abgeknickten Teile nicht mehr stattfinden konnte. Lediglich die Bruchstelle wurde schnell ausgeheilt. Da die Böcke mit dem Schieben noch längst nicht fertig waren, ist jeweils auf dem höchsten Punkt der Bruchstelle ein neuer Bildungssaum entstanden. Daraus sind dann bei dem Bock oben links ein nach oben wachsender, langer Spieß und bei dem Bock oben rechts zwei deutlich nach oben gerichtete Enden gewachsen. Beim linken Bock wurde der nach unten abgeknickte Stangenteil noch völlig durchmineralisiert und fest. Dies fand bei dem rechten Bock nicht mehr statt. Die Stange blieb porös. Am Stangenende zeigt sich sogar noch ein kleiner, mit Bast behafteter „Blutkolben".

Dieser Bock hat vermutlich einen heftigen Schlag zwischen Kampfsprosse und Stange bekommen. Dadurch wurde die schon im unteren Teil harte Stange gespalten.

Stangenbrüche

Ein Reh auf der Flucht – von Weidezäunen umgeben. Bei der Unruhe in Wald und Flur ist der Kontakt von Rehwild mit Zäunen sicherlich keine Seltenheit mehr. Insbesondere flüchtiges Rehwild erstaunt oft den Beobachter, wenn es scheinbar kopflos immer wieder Zäune, ja selbst Gatter anflieht.

Schwarzwildjäger wissen, wie gut man am Stacheldraht nach Borsten aus der Schwarte suchen kann. Wie leicht kann da Stacheldraht ein empfindliches Bastgeweih verletzen.

Mechanische Verletzungen

Bei schweren Kolbenbrüchen kommt es zu einer Überdehnung von Bast- und Bindegewebe. Die Stange kann nicht mehr gehalten werden und senkt sich deshalb meist seitlich nach vorne ab. Wegen der abgeklemmten Blutzufuhr können diese Stangenteile nicht ausreichend versorgt werden. Sie bleiben deshalb häufig in ihrer Entwicklung stehen und werden wie beim Bock (links) oft nicht durchmineralisiert. Dafür bilden sich auf dem höchsten Punkt der Bruchstelle neue Keimbereiche, aus denen nach oben gerichtete Enden wachsen.

Stangenbrüche

Bei allen drei Geweihen ist zu erkennen, daß die Rosen und der Stangenteil unterhalb der Bruchstelle völlig normal entwickelt sind. Dies bedeutet, daß die Stange erst eine gewisse Höhe und Festigkeit haben muß, bevor sie überhaupt brechen kann.

Mechanische Verletzungen

Ein Bock mit beidseitig geschlossenen Blasen. Da die Ausbauchungen stark aus der Stangenebene herausragen, wurden sie beim Fegen besonders blankpoliert. Auf der Blasenoberfläche sind die Abdrücke der Blutgefäße deutlich zu erkennen.

Blasengeweihe

Blutergüsse unter der Basthaut oder im Stangeninnern können zu unterschiedlichen Formen von Blasengeweihen führen.

Unsere Bäume zeigen oft ganz ähnliche Wuchsformen wie Böcke mit Blasengeweihen. Solche knollenförmigen Gebilde entstehen nach Verletzung der Wachstumsschicht.

Prellungen, Quetschungen und heftige Schläge führen am stark blutführenden Bastgeweih zu Hämatomen. Je nach Anzahl und Stärke der zerrissenen Blutgefäße sammeln sich zwischen Basthaut und Stange große Blutmengen, die den Bast aufwölben oder blasenartig aufblähen. Immer dann, wenn große Mengen Blut, oder bei einer Infektion auch Eiter, nicht offen abfließen können, entstehen bis zu apfelgroße Blutblasen am Geweih, die über die Basthaut von knochenbildenden Substanzen ummantelt, später durchmineralisiert werden. Die so gebildeten Blasen befinden sich stets außen an der Stange und bleiben auch nach dem Fegen in dieser Form erhalten.

Blasenbildungen können aber auch aus schweren Schäden im Innern einer wachsenden Stange hervorgehen. Entstandene Risse und Bruchkanäle in einer Stange füllen sich mit Blut. Da dieses meist nicht steril bleibt, siedeln sich Wundbakterien an, die neben Eiter auch Gase (Schwefelwasserstoffgeruch) bilden. Besonders die im Erdreich zu findenden Chlostridien (Tetanus-Rauschbrand, Pararauschbrand und Gasbrand) können bei dem noch weichen, wachsenden Stangengewebe, durch Druck des Eiters und der Gase zu blasenähnlichen Stangenauftreibungen führen.

Bei frühen, schweren Infektionen verschaffen sich Eiter und Gase fast immer eine vulkanartige Entleerung nach außen. Endet mit der Reifung des Geweihs auch die Blutzufuhr, können vorhandene Hämatome ohne Eiterentleerung austrocknen. Es fehlen dann auch die typischen Abflußkanäle.

Mechanische Verletzungen

Der Baum hat das Bestreben, durch Wucherungen an der Schadstelle die verletzte Wachstumsschicht zu schließen. Dadurch entstehen regelloser Faserverlauf und Maserwuchs. Sie stellen zwar Fehler im Bau des Holzes dar, besitzen aber bei Furnierschnitt oft reizvollen und eigenwilligen Schmuckwert.

Blasengeweihe

Ein klassisches Blasengeweih mit einer über walnußgroßen Auftreibung. In der Regel fehlt auf der Blasenoberfläche jede Perlung, da es sich um Ersatzgewebe handelt.

Mechanische Verletzungen

Eine interessante Trophäe mit gleich mehreren Regelwidrigkeiten. Durch Verletzung kam es auf der rechten Stange zu einer Blasenbildung, auf der linken Seite zu einer Stangenteilung. Im unteren Teil beider Stangen gibt es Ansätze zu „Scheinrosen", wie man sie nach Verletzungen ab und zu findet. An beiden Stangen fehlt die Anlage zu einer geschlossenen Rose. Lediglich eine paar Perlen wurden aufgelegt.

Blasengeweihe

Derart späte Aufblähungen an fast ausgereiften Geweihen haben kaum größere Formveränderungen zur Folge.

Mechanische Verletzungen

62

Blasengeweihe

Die rechte Stange weist eine schwere Verletzung des Kolbenscheitels auf. Ein starkes Hämatom führte zu einer Stangenauftreibung, deren Gewicht die noch wachsende und weiche Stange nach vorne neigte. Die Wundstelle wurde von Knochensubstanz ummantelt.
Zu der großen Blutansammlung im Inneren der Kolbenstange kam eine Infektion.
Gase und Eiter haben sich über Abflußkanäle und Krater vulkanartig Ausgang verschafft.
15 Eiterkanäle und Trichter konnten an dieser Trophäe gezählt werden.
Aus den Resten des zertrümmerten Kolbenscheitels sind zwei Stangen nach oben gewachsen. Die genetische Veranlagung der darunter liegenden Rose und des unteren Stangenteils wurden trotz der schweren Verletzung nicht gestört.

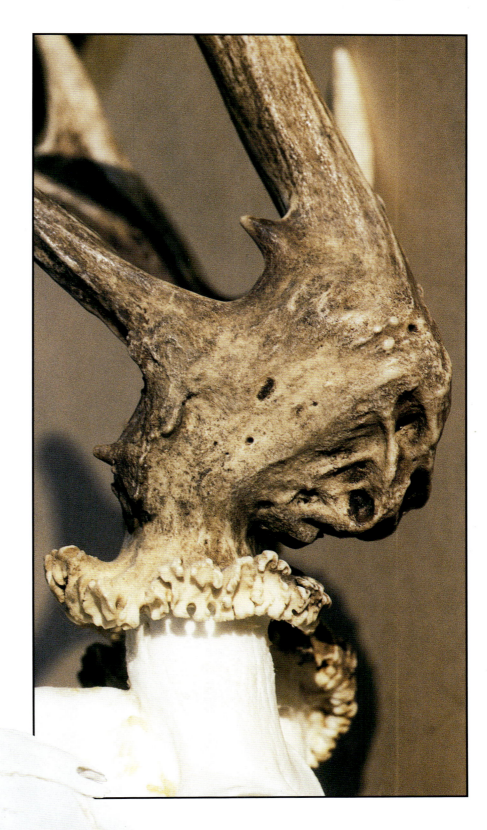

Mechanische Verletzungen

Starke Kolbenscheitelverletzung mit deutlicher großer blasiger Auftreibung, die sich abgesenkt hat. Das Geweih beweist: Bei frühen Verletzungen, intakter Immunabwehr und noch vorhandenen Bildungssäumen geht das Kolbenwachstum – trotz Infektion in den Stangen – nach oben gerichtet weiter.

Blasengeweihe

Blutergüsse und Eiterungen im Kolbengewebe bewirken beinahe immer eine Deformation der Kolbenstange und verändern den sonst gleichmäßigen Geweihaufbau. Gut zu erkennen sind die nach oben gerichteten vulkanartigen Eiterkrater.

Mechanische Verletzungen

Durch Stangenbruch mit Bluterguß entstand die „Riesenblase" auf diesen beiden Seiten. Deutlich ist zu erkennen, wie das Stangenbruchstück durch den oberen Blasenteil verläuft. Erlegt wurde dieser Bock auf der Insel Rügen von Förster Schmidt.

Blasengeweihe

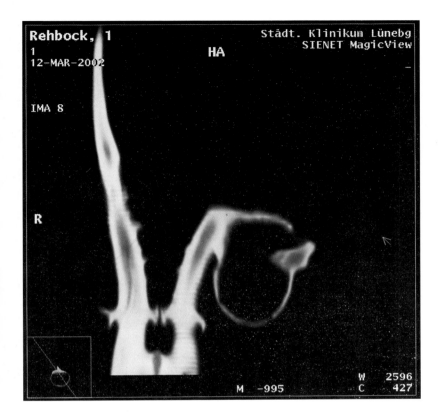

Selbst diese gewaltige Blase wurde vollständig mit Knochensubstanz ummantelt. Der Knochenmantel ist jedoch nur wenige Millimeter stark. Wieder ist gut die große Eiterabflußöffnung zu erkennen. (Foto:CT-Schnitt)

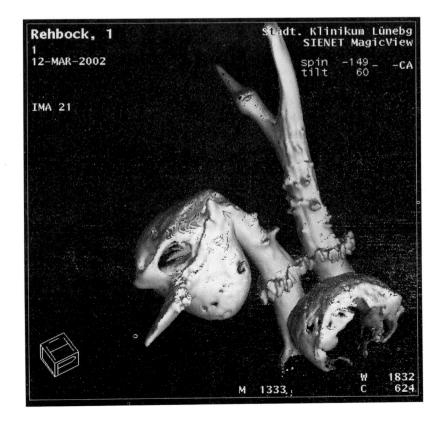

Gut zu erkennen ist der Verlauf der gebrochenen Stange und eine übergroße Eiterabflußöffnung auf der Rückseite der Blase. (Foto:CT-Oberflächenansicht)

Mechanische Verletzungen

Auch bei Pflanzen ist zu erkennen, wie die Zweige nach frühen Verletzungen wieder „himmelwärts" streben.

Rosenstockbrüche

Während die mechanischen Verletzungen nur vorübergehende Abnormitäten darstellen, bleiben Böcke mit Rosenstockbrüchen zeitlebens abnorm.

Von allen gewaltsam zugezogenen Geweihverletzungen fallen etwa 30 bis 40 Prozent in die Gruppe der Rosenstockbrüche mit deren Folgegeweihen. Rosenstockbrüche sind sehr auffällige Regelwidrigkeiten, die jedem interessierten Jäger auf den Hegeschauen sofort ins Auge springen. Rosenstockbrüche können bereits am Bastgeweih auftreten, selbst wenn die Stangen dabei noch „ziemlich" elastisch sind. Die größtmögliche Hebelwirkung beim Aufprall setzt bei einer Stange jedoch erst dann ein, wenn diese ausgewachsen, durchmineralisiert und somit absolut fest ist. Dann wird auch häufiger das Stirnbein in Mitleidenschaft gezogen.

Kommt es bei einem Unfall zu seitlichem Druck oder Schlag gegen Haupt oder Stangen, wird die Hauptpartie seitlich wegfedern, ohne daß dies gleich zu einem Rosenstockbruch führen muß. Flieht ein Bock jedoch panikartig frontal gegen ein Hindernis oder stürzt er heftig, steht immer das ganze Körpergewicht dahinter. Hier ereignen sich dann die meisten Rosenstockbrüche. Sie können sogar bei heftigem Fegen oder Kampf entstehen.

Auf einer Niederwildjagd in einem Weinanbaugebiet floh ein von Hunden gehetzter Sechser frontal in einen Draht, der zwischen den Reben gespannt worden war. Dabei traf der Spanndraht beide Stangen unterhalb der Kampfsprosse. Der Draht konnte also nicht abgleiten. Aufgrund der großen Wucht des Wildkörpers und der Hebelwirkung der Stangen klappten diese mit herausgesplitterten Schädelteilen einfach nach hinten weg. Der Bock verendete augenblicklich. Ebenso war ich Zeuge, wie sich ein Bock beim Fegen an einem kleinen Birkenstamm verfangen hatte. Das Stämmchen hatte sich unglücklich zwischen den Rosen eingeklemmt. Mit einem heftigen Ruck kam der Bock zwar augenblicklich frei, hatte aber eine seitlich leicht wegstehende Stange. So gezeichnet zog er sichtlich benommen davon.

Für Rehböcke sind Zäune aller Art sehr tückisch. Bleibt ein Bock beim Anfliehen eines Zaunes mit einer Vereckung des Geweihs so im Zaun hängen, daß seine Läufe den Boden nicht mehr berühren, hat er kaum noch eine Möglichkeit, sich zu befreien. Hilflos hängend, wird das Stück sehr schnell ermüden und – wie oft beobachtet – verenden. Verfangen sich Böcke dagegen so im Zaun, daß sie mit den Läufen noch vollen Kontakt zum Boden haben, toben sie unkontrolliert und drehen sich dabei um die ganze Körperachse. Meist mit Erfolg. Gelegentlich bricht der Zaun – häufig jedoch der Rosenstock.

Bruchstellen an Rosenstöcken können unterschiedlich hoch liegen. Brüche direkt unter der Rose oder Rosenstockmitte sind seltener. Bedingt durch die Hebelwirkung brechen sie meist etwas oberhalb oder aber direkt an der Schädeldecke. Ein Teil bricht kraterförmig aus der Schädeldecke heraus. In ganz schweren Fällen hebt sich eine ganze Schädelpartie an oder bricht heraus.

Das Ausmaß der Schädigung spielt bei Rosenstockbrüchen eine entscheidende Rolle.

Dieser Bock erlitt bereits in einer frühen Phase des Geweihwachstums einen Rosenstockbruch. Seine rechte Stange strebte bei weiterem Wachstum nach oben.

Mechanische Verletzungen

In der Ausformung identische Stangen sind ein Beweis für einen späten Rosenstockbruch. Starke Kallusbildung hat die abgesenkte Stange wieder fixiert. Der scharfe Knick im Rosenstock hat die Blutbahnen vermutlich unterbrochen. Die Stange blieb deshalb in ihrer Entwicklung stehen, wurde nicht mehr durchmineralisiert – und blieb somit porös.

In leichten Fällen bricht der Rosenstock nicht gänzlich weg, sondern wird von Rosenstockhaut und Decke gestützt. Sofort einsetzende Kallusbildung (Knochenverwachsung) „repariert" die Wunde. Bei schweren und größeren Wunden verschieben sich die Bruchflächen zueinander. Die Stange senkt sich. Geschieht dies langsam, werden die Bruchstellen durch schnelle, starke Kallusbildung wieder fest miteinander verwachsen, bevor sie sich gänzlich abtrennen können. Dadurch verändert sich der Achsenverlauf.

Scharfe Knicke im Rosenstock können die Durchblutung und den weiteren Aufbau der noch wachsenden Stange erheblich beeinträchtigen. Am Kolbenende bilden sich regelrechte Blutsäcke (Blutkolben), da die Pumpkraft des Herzens größer ist als der Rückfluß des Blutes. Ein Venenstau entsteht. Unterversorgte Stangen bleiben auch während der Wachstumsphase oft in der Entwicklung stehen und werden nicht durchmineralisiert. Die Stangen sind dann meist hell, porös und fühlen sich rauh an. Bei vollständigem Bruch des Rosenstocks gibt die noch haltende Rosenstockhaut schnell nach, und die Stange senkt sich als Pendelstange meist nach vorne ab.

Bei hohen Brüchen unmittelbar unterhalb der Rose bleibt zunächst das Bruchstück des Rosenstocks mit der Stange in der Decke hängen, wird aber schnell verlorengehen. Der auf der Schädeldecke verbleibende scharfkantige Rosenstockstumpf wird rasch durch Knochenfreßzellen geglättet und dadurch eingeebnet.

Kann nach einem zeitlich frühen Unfall wieder eine gut durchblutete, feste Stangenverbindung – durch Kallusbildung – hergestellt werden, wird die Stange weiter wachsen und später auch durchmineralisiert sein. Typisch ist, daß die Stange im ausgeprägten Bogen nach oben wächst. Ist die abgebrochene Stange hingegen in Ausformung, Volumen und Farbe identisch mit der gesunden Stange, ist dies ein sicherer Beweis für einen sehr späten Unfallzeitpunkt.

Sehr häufig ist ein sehr unterschiedlicher Grad des Fegens zwischen der intakten und der verletzten Stange zu sehen. Eine lose in der Decke gehaltene Pendelstange kann nicht gefegt werden. Da der Fegevorgang der normalen Zuordnung von Schädel- und Geweihstellung angepaßt ist, kann selbst eine wieder fixierte Stange nicht ausreichend gefegt werden, wenn sie ins Gesichtsfeld ragt. In beiden Fällen wird sich die Basthaut aber nach und nach durch Witterungseinflüsse von der reifen Stange lösen.

Fazit: Böcke, die einen Rosenstockbruch erlitten haben, bleiben zeitlebens abnorm. Sie wechseln zwar ihre Geweihe in den Folgejahren normal, aber die Folgegeweihe können nie wieder „richtig" korrigiert werden.

Rosenstockbrüche

Der Rosenstockbruch ist in einer frühen Phase der Geweihentwicklung geschehen. Die Stange macht bei ihrem weiteren Wachstum die typische Korrektur nach oben.

Häufig fällt eine deutliche Perlenbildung auf der Oberseite des gebrochenen Rosenstocks auf (s. auch Bild oben). Man findet diese nach oben gerichteten Perlen verfegt aus der Decke herausragend ganz in der Nähe der Rosen oder unverfegt auf dem Bruchstück des Rosenstockes unter der Decke.

Dieser Bock erlitt einen doppelseitigen Rosenstockbruch. Die linke Stange strebt wie bei den vorausgegangenen Böcken nach oben. Die rechte Seite zeigt ein von Kallus umgebenes grobes Scheingelenk. Dieses hat wahrscheinlich zunächst die rechte Stange gehalten, die aber schließlich doch verlorengegangen ist.

Mechanische Verletzungen

Von der Anlage her ein mittelmäßiger Sechser. Erst ein Rosenstockbruch und eine massive Kolbenscheitelverletzung in einer frühen Phase der Geweihentwicklung haben eine kapitale Trophäe daraus werden lassen. Der nur leicht abgesenkte und schnell verheilte Rosenstockbruch hat die Blutversorgung der Kolbenstangen nicht beeinträchtigt. Die Ausheilung der großen Wundfläche hat jedoch eine enorm hohe Blutzufuhr erfordert. Damit wurden auch große Mengen Bausubstanz „angeflutet". Dies hat dazu geführt, daß die rechte Stange mehr als das zweifache Volumen aufbauen konnte. Eine Beobachtung, die auch bei vielen anderen Kolbenscheitelverletzungen gemacht wurde. Bei einem gesunden Geweih ist das Volumen beider Stangen fast immer identisch.

Rosenstockbrüche

Bei beinahe abgeschlossenem Höhenwachstum hat der scharfe Knick des gebrochenen Rosenstocks die Blutversorgung der Stange erheblich beeinträchtigt. Da die Pumpkraft des Herzens größer ist als der Rückfluß des Blutes, bilden sich im abgesenkten Kolbenende regelrechte Blutsäcke, die später austrocknen. Dieser sogenannte Blutkolben wird nicht durchmineralisiert, bleibt ohne Perlung, zeigt auch später eine dunkle Farbe, ist porös und zerfällt durch Witterungsschäden schnell. Der Bast ist durch Witterungseinflüsse verloren gegangen.

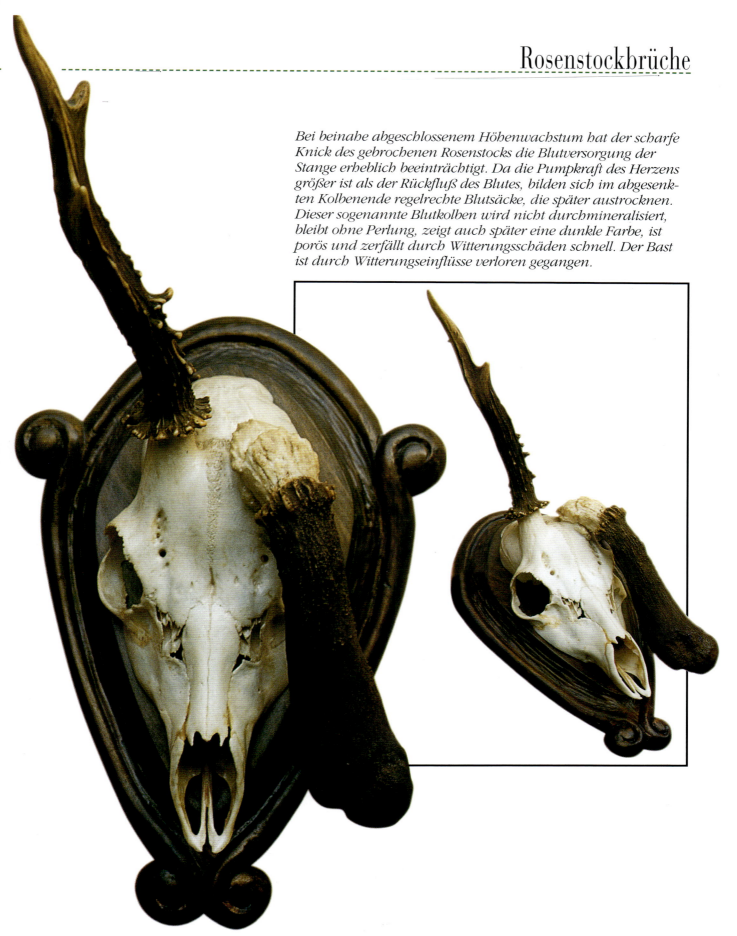

Mechanische Verletzungen

Kollisionen mit dem Auto enden meist tödlich und sind nur in äußerst seltenen Fällen Ursache für Regelwidrigkeiten am Rehgeweih.

Auch hier läßt sich der Zeitpunkt des Rosenstockbruchs exakt feststellen. Die identische Form beider Stangen beweist, daß die Stangen bereits voll ausgebildet waren. Da die Perlen auf der abgesenkten Stange nur auf der Stangenoberseite aufgelagert und nach oben gerichtet sind, ist der Unfall kurz vor der Perlenauflagerung – also knapp vor dem Fegen – geschehen. Diese Stange konnte normal gefegt werden, da sie im Aktionsfeld des Fegens positioniert war, was bei den Böcken auf den Seiten 70 und 73 nicht möglich gewesen ist.

Mechanische Verletzungen

Dieser beidseitige Rosenstockbruch erfolgte bei voll ausgebildeten und vermutlich schon verfegten Stangen, die durch starke Kallusbildung wieder eine feste Verbindung erhielten.

Wie bei den Stangenbrüchen, sind auch bei den Rosenstockbrüchen Zäune die Hauptursache.

Rosenstockbrüche

Der Rosenstockbruch der fertig ausgebildeten Stange konnte kurz vor dem Fegen nicht mehr durch Kallusbildung fixiert werden. Die pendelnde Stange wurde nur noch von der Decke gehalten. Die großflächige Bruchstelle auf der Schädeldecke zeigt schon eine gewisse Glättung durch Knochenfreßzellen.

Mechanische Verletzungen

Rosenstockbrüche

Ganz links: Bei diesem Geweih weisen beide Stangen erhebliche Beschädigungen auf. Da die Stangen von der Ausbildung und Farbe her identisch sind, muß der Unfall im laufenden Jahr geschehen sein. Die äußerst stark wuchernde Kallusbildung an dem gebrochenen oder angebrochenen Rosenstock der linken Stange hat nicht nur den Rosenstock stark anschwellen lassen, sondern hat vermutlich die ganze Stange erheblich angehoben.

Mitte: Wie bei den Abbildungen auf Seite 71, fällt auch bei diesem Bock eine perlenartige Wucherung auf der Kallusschicht des beschädigten Rosenstockes auf.

Links: Auch diese Eiche zeigt großflächige, perlenartige Wucherungen auf einer überwallten Wunde am Stammfuß.

Mechanische Verletzungen

Folgegeweihe

Böcke mit Rosenstockbrüchen erkennt man an den tiefer angesetzten Folgestangen. Der Rosenstock ist um den Teil kürzer, der beim Bruch verlorengegangen ist.

Bei Rosenstockbrüchen gibt es zwei Varianten. Einmal bleibt der obere Teil des gebrochenen Rosenstocks mit der Stange verbunden, die dann zunächst in der Decke pendeln. Da Knochenhaut und Decke die Pendelstange nicht lange halten können, geht diese schon bald nach dem Bruch verloren. Je nach Unfallschwere bleibt ein mehr oder minder zertrümmerter, aufrecht stehender Rosenstockstumpf zurück. Dieser Rosenstockrest wird erstaunlich schnell geglättet und repariert. Darin erhalten gebliebene gehörnbildende Zellen lassen neue Keimbereiche entstehen, aus denen meist erst im Folgejahr nach oben strebende Folgestangen wachsen. Eine Nachfolgestange auf der verletzten Seite wird sich in Aussehen, Qualität und Volumen immer deutlich von der Stange auf dem gesunden Rosenstock unterscheiden. Je tiefer der Rosenstock zum Schädel hin weggebrochen ist, desto größer wird die Abweichung sein. Auf dem verbliebenen Stumpf kann es aber auch zu einer Regeneration oder Neubildung eines Rosenstocks kommen, der dann jedoch immer wesentlich dünner ist. In allen Fällen wird die erste Folgestange im Vergleich zur gesunden Stange erhebliche Abweichungen aufweisen. So können bei einem zertrümmerten Rosenstock zunächst gesplittete Stangen auftreten. Erst im Laufe der Jahre kommt es wieder zu einer „Normalisierung" der Stangenform, wenn der Bildungssaum wieder zu einer Einheit zusammengeflossen ist.

Bei den meisten Rosenstockbrüchen senkt sich jedoch die Stange mit dem daran haftenden Rosenstockbruchstück ab. Durch schnell einsetzende Kallusbildung können die Bruchstücke wieder eine feste Verbindung erhalten. Alle so gebrochenen und verheilten Rosenstöcke zeigen einen deutlichen bis scharfen Knick. Bei unzähligen Rosenstockbrüchen habe ich nie eine Folgestange auf geknicktem Rosenstock beobachten können. Immer standen die Stangen aufrecht auf geraden Rosenstöcken, die jedoch um das Bruchstück eingekürzt waren.

Dies bedeutet also, daß der Bock nach dem Unfall seine Stange – nicht wie üblich – direkt unter der Rose abwirft, sondern die Stange sich mit einem Teil des Rosenstocks direkt im scharfen Knick löst. Damit findet bereits im Jahr der Schädigung eine wesentliche Korrektur statt.

Rosenstockreste oder neugebildete Rosenstöcke haben immer einen deutlich geringeren Durchmesser und produzieren deshalb auch wesentlich schwächere Stangen ohne Vereckung. Nach schweren Rosenstockbrüchen treten an den nachwachsenden Stangen recht häufig Durchblutungsstörungen auf. Die Folgestangen bleiben dann in der Entwicklung zurück oder werden nicht durchmineralisiert. Sie bleiben porös.

Eine gesplittete Stange ist aus einem gebrochenen, aber noch nicht restlos regenerierten Rosenstock und einem noch geteilten Bildungssaum hervorgegangen.

nach Rosenstockbrüchen

Scharfe Kanten an der Bruchfläche zeigen: Der Unfall liegt noch nicht lange zurück. Die Mini-Ersatzstange stammt vermutlich aus dem Unfalljahr.

An schnell geglätteten Bruchflächen bleiben fast immer gehörnbildende Zellen erhalten, die in den Folgejahren die kuriosesten Stangen hervorbringen.

Mechanische Verletzungen

Rechts: Die Folgestange auf einem schräg abgeflachten, „reparierten" Rosenstock sitzt deutlich tiefer und strebt sofort senkrecht nach oben. Folgegeweihe zeigen meist eine einfache Stangenform, oft nur einen Spieß. Erst nach mehrjähriger „Korrektur" kann es wieder zu einer Vereckung kommen.

Links: Eine „Mini-Stange mit Rosen" auf einem sehr dünnen, seitlich nach hinten gerichteten Rosenstock. Dieser vermutlich durch Regeneration entstandene Rosenstock steht wiederum auf dem bereits geglätteten Rosenstockstumpf des Vorjahres.

Diese Rosenstockverletzung stammt aus dem vorangegangenen Jahr. Der Rosenstock ist deutlich kürzer sowie dünner und produziert deshalb auch eine wesentlich geringere Stange. Die ehemalige Bruchstelle ist abgerundet und glatt. Die markante Bildung einer „Kralle" findet man ab und zu bei den Folgestangen.

Dieses Geweih zeigt auf der rechten Seite eine seitlich weggekippte, geringe Stange auf einem deutlich tieferliegenden, beschädigten Rosenstock des Vorjahres. Während der Wachstumsphase ist die Stange wahrscheinlich wegen Durchblutungsstörungen und einer Infektion (Eiterabflußkanäle auf der Unterseite) beeinträchtigt worden, wurde aber später völlig durchmineralisiert.

Folgegeweihe nach Rosenstockbrüchen

Ein „typisches" Folgegeweih nach einem Rosenstockbruch rechts: Auf dünnem, tiefergelegtem Rosenstock ist die geringe Stange wegen Durchblutungsstörungen in der Entwicklung stehengeblieben. Ihre Spitze ist brandig und porös, d.h., diese Stange konnte nicht restlos durchmineralisiert werden.

Dieses Geweih hat einen tief am Schädel weggebrochenen Rosenstock mit großflächig bereits geglätteten Kalluspartien. Der vermutlich noch gespaltene Rosenstockrest und ein noch nicht ganz regenerierter Bildungssaum ließen diese gesplittete Stange wachsen. Nach weiterer Normalisierung würde aus diesem Stumpf in den Folgejahren wieder eine „normale Stange" werden, die vom Aussehen jedoch deutlich von der gesunden Stange abweichen würde.

Deutlich schwächere Folgestange auf einem tief weggebrochenen, regenerierten Rosenstockrest.

Mechanische Verletzungen

Ein Bock mit einem völlig zertrümmerten Rosenstock. Auf den regenerierten Rosenstockresten haben sich tief angesetzte Ersatzstangen gebildet. Die Rosen an den Ersatzstangen weisen trotz der schweren Verletzung die gleiche genetisch festgelegte Form auf wie die gesunde Stange. Selbst die nach hinten herausgewachsene „Platte" zeigt diese Form. Die Risse an der Basis des zertrümmerten Rosenstocks werden nach und nach mit Knochenmasse aufgefüllt und geglättet.

Folgegeweihe nach Rosenstockbrüchen

Massive Schädelverletzung mit Bruch des Rosenstocks, der Schädeldecke und des Nasenbeins. Dabei kam es vermutlich zu einer Rosenstockspaltung, wobei ein Teil mit geweihbildenden Zellen seitlich weggequetscht wurde. Die Zwischenräume, auch die der gebrochenen Schädelknochen, wurden mit Kallus aufgefüllt und somit repariert. Dabei ist der anhängende Teil noch weiter nach außen gedrückt worden. Da die Oberflächen, auch die der Schädelnarben, sehr gut geglättet sind, wird es sich um eine ältere Verletzung handeln.

Mechanische Verletzungen

Eine Pendelstange kann häufig bis zum Abwurftermin von der Decke gehalten werden. Es ist möglich, daß nach dem Abwurf das Rosenstockbruchstück in der Decke verbleibt und im Folgejahr auch ohne feste Knochenverbindung eine Folgestange schiebt.

Pendelnde Rosenstöcke

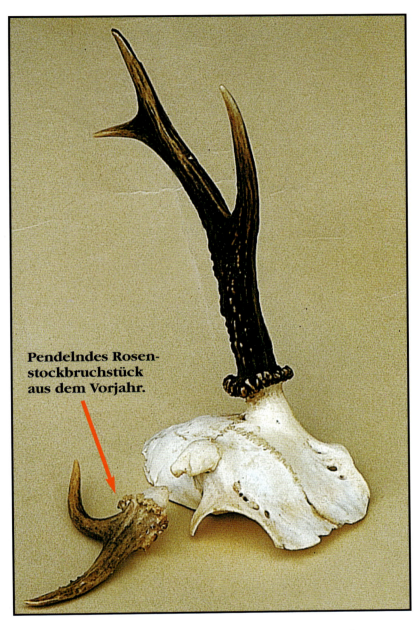

Pendelndes Rosenstockbruchstück aus dem Vorjahr.

Ein besonders interessanter Fall. Der Bock war im Jahr vor der Erlegung als einseitiger Pendelstangenbock bekannt. Beide Stangen waren Sechserstangen und wurden normal abgeworfen. Im Folgejahr pendelte die kleine Gabelstange bei der Erlegung in der Decke. Sie wurde also über den in der Knochenhaut gehaltenen „pendelnden Rosenstock" geschoben. Es gab nur eine lockere Verbindung über ein glattpoliertes Scheingelenk. Der pendelnde Rosenstock ist jetzt nach dem Abkochen als Knochenteil an der kleinen Stange zu erkennen. Auch diese kleine Stange wäre wohl normal abgeworfen worden, der kleine „pendelnde Rosenstock" jedoch wiederum in der Decke verblieben.

Selbst Rosenstockbruchstücke können ohne feste Knochenverbindung in den Folgejahren deformierte Stangen entstehen lassen.

Bei vollständigen Rosenstockbrüchen kann es dazu kommen, daß die Bruchflächen nicht wieder fest zusammengekittet werden. Der abgetrennte, obere Teil des Rosenstocks bleibt zunächst – von der Rosenstockhaut fest umkleidet – mit der Stange als Pendelstange in der Decke erhalten. Nachdem die Pendelstange dann normal abgeworfen wird, verbleibt der abgetrennte, obere Rosenstockteil als „pendelnder Rosenstock". Selbst in diesem Zustand können auf diesem beweglichen Rosenstockteil Stangen geschoben werden. Entscheidend ist, daß das Bruchstück noch von der intakten Knochenhaut des alten Rosenstocks versorgt wird. Dabei handelt es sich meist um kleine, mißgebildete, verkümmerte Stangen, die höchstens die Andeutung einer Gabel haben. Da die Stange auf dem pendelnden Rosenstock keine feste Verbindung zum Schädel besitzt, ist sie ständig in Bewegung. Die Zugkraft löst immer neue Impulse aus. Deshalb unterliegen solche Stangen nicht der normalen Geweihbildung. Sie haben nicht die Möglichkeit, wie sonst üblich, direkt nach oben zu wachsen.

Derart kräftige Sekundärstangen findet man meist nur in der Nähe der primären Rosenstöcke – also dicht am Geweihbildungszentrum.

Ortsfremde Stangen

Nach schweren Schädelverletzungen können auf Knochenwucherungen neue Stangen wachsen.

Neben den primären, fest lokalisierten Rosenstöcken können überall am Stirnbein und an den Rosenstöcken sogenannte sekundäre Rosenstöcke entstehen, auf denen dann ortsfremde Stangen geschoben werden. Nach sehr schweren Rosenstock- und Stirnbeinbeschädigungen können sich sogenannte Exostosen (sich von der Knochenoberfläche aus entwickelnde, knöcherne Zapfen) bilden. Dies sind Knochenwucherungen, die sich nach Entzündungen und Reizungen der Knochenhaut ausbilden. Es können Jahre vergehen, bis aus einer Exostose ein ortsfremder Rosenstock entsteht, und viele Jahre, bis über eine Reihe von Knöpfen und Spießen unter Umständen auch eine Gabelstange entstehen kann. Ortsfremde Stangen gehen jedoch nicht über die Spieß- oder Gablerstufe hinaus.

Ebenso ist es möglich, daß Rosenstöcke nicht nur brechen, sondern total zersplittern. Dabei können Splitter des ehemaligen Rosenstocks zwischen Rosenstockhaut und verbleibendem Rosenstockstumpf bzw. zwischen Stirnhaut und Schädeldecke geraten. Splitter mit Resten von Geweihbildungsgewebe können mit der Schädeldecke oder dem Rosenstockstumpf eine feste Verbindung eingehen und über Bildung sehr flacher, sekundärer Rosenstöcke eine oder mehrere Stangen bilden. Sekundäre Stangen sind vom Volumen und der Länge her umso kleiner, je weiter sie vom Geweihbildungszentrum (Bildungssaum auf dem primären Rosenstock) angesiedelt werden. Je näher die Verletzung zum Zentrum hin liegt, desto eher entsteht eine feste Knochenbindung über einen flachen, sekundären Rosenstock, und umso „normaler" werden die Sekundärstangen ausgebildet. Je weiter die Schadstelle aber vom Zentrum entfernt liegt, desto größer ist die Wahrscheinlichkeit, daß es nur zu einer bindegewebsartigen, losen Brücke kommt, auf der dann eine kleine Pendelstange entstehen kann.

Eine eindrucksvolle Sekundärstange mit eigenständiger Rose.

Mechanische Verletzungen

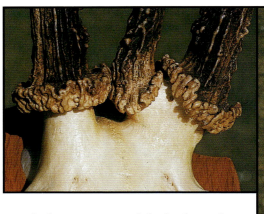

Am linken Rosenstock befindet sich eine ortsfremde Stange. Der wesentlich stärkere Rosenstockdurchmesser auf der linken Seite und die glatten Übergänge zum sekundären Rosenstock deuten auf eine länger zurückliegende Beschädigung hin.

Dieses Geweih zeigt an der rechten Stange wahrscheinlich Verletzungen aus mehreren Jahren. Eine kräftige, gesplittete Stange auf einem beschädigten Rosenstock des Vorjahres und eine seitlich abgesenkte Sekundärstange, deren Rosenstock im laufenden Jahr gebrochen ist. Es fällt auf, daß der Rosenring der Sekundärstange genau in die Ausbuchtung der Primärstange paßt.

Diese beiden Böcke tragen jeweils einen sekundären Rosenstock mit Stange – tief angesetzt auf der Vorderseite des primären Rosenstocks.

Ortsfremde Stangen

Eine auffallend massige Sekundärstange sitzt auf einer ausgeheilten großflächigen Stirnbeinwunde. Solch eine Bildung ist nur möglich, wenn bei der Verletzung ein Teil des Geweihbildungsgewebes aus dem oberen Rosenstockbereich nach unten auf das Stirnbein verschoben wurde. Dieses Gewebe geht eine Verbindung mit dem Stirnbeinknochen ein und bewirkt die Bildung eines sekundären Rosenstocks.

Mechanische Verletzungen

Vermutlich sind diese kleinen Stangen auf sogenannten Reiterknochen nach einer Verletzung – mit einem schweren Bluterguß als Folge – zwischen Knochenhaut und Schädeldecke entstanden. Sie sitzen auf einer deutlich zu erkennenden großen, stark vernarbten Knochenplatte.

Reiterknochen

Schwere Verletzungen des Stirnbeinschädelknochens können zur Anlagerung von Knochensubstanz und Bildung von Rosenstöcken mit Stangen führen.

Es ist durchaus möglich, daß aus dieser flechtenartigen, flachen Stange auf einer losen Gewebebrücke in den Folgejahren ein echter sekundärer fester Rosenstock entstehen kann. Es wäre somit eine Vorstufe einer Sekundärstangenbildung wie auf Seite 91 gezeigt.

Hochinteressante Gebilde sind Stangen auf sogenannten Reiterknochen (ein Begriff aus der Humanmedizin). Diese zusätzlichen kleinen Stangen sitzen auf der Schädelstirnfläche unterhalb der primären Rosenstöcke und besitzen kleine Rosenstöcke, die relativ fest durch Bindegewebe mit einer Knochenplatte des Stirnbeins verbunden sind. Beim Abkochen des Gehörns können diese jedoch abfallen. Zunächst entsteht durch einen schweren Schlag oder Aufprall gegen das Stirnbein ein Bluterguß zwischen Knochenhaut und Schädeldecke. Durch Reizung kommt es zur Anlagerung von Knochensubstanz, auf der sich dann „falsche Rosenstöcke" bilden können. Gleiches kann entstehen, wenn Teile des Rosenstocks durch Verletzung abgeschilfert werden, unter der Knochenhaut nach unten wandern und auf dem Stirnbein eine feste Knochenverbindung eingehen. Die höchste Geweihbildungspotenz liegt auf dem höchsten Punkt des Rosenstocks. Je mehr Geweihbildungspotenz in dem abgeschobenen Gewebestückchen vorhanden ist, desto größer wird auch die Ausbildung der Sekundärstange ausfallen.

Mechanische Verletzungen

Sowohl auf der echten als auch auf der „unechten" anhängenden Stange kann man die Abdrücke der senkrecht aufstrebenden Blutbahnen erkennen. Die Verbindung beider Stangen besteht aus einer dünnen Knochenplatte, auf der die Abdrücke von querliegenden Blutbahnen nicht zu erkennen sind. Ein deutlich senkrecht stehender Riß zeigt sich zwischen beiden Stangen. Die anhängende Stange kann also nur ohne Rosenstock von unten her aufgebaut worden sein.

Anhängende Stangen

Anhängende Stangen sind zusätzliche „unechte Stangen", die keine Rosenstöcke haben.

Bleibt der Rosenstock bei einer derartigen Verletzung völlig unbeschädigt, wird das Folgegeweih wieder völlig normal ausfallen. Solche „Doppelstangen" werden natürlich in einer Einheit abgeworfen.

Derartige Regelwidrigkeiten treten wahrscheinlich dann auf, wenn es zum Zeitpunkt der gerade entstehenden Rosenanlage zu einer starken Verletzung von Decke und Knochenhaut im Bereich des Rosenstocks kommt. Dabei werden vermutlich Rosenteile seitlich verschoben. Bei noch intakter Blutversorgung können aus den um den Rosenstock liegenden Ringarterien zusätzliche kollaterale (seitliche) Gefäßbildungen entstehen. Diese seitlich angelegten Gefäßschleifen bilden mit abgesprengten gewebebildenden Zellverbänden über aufsteigende Stangenblutbahnen eine zusätzliche Stange ohne eigenen Rosenstock. Die anhängende, senkrecht stehende Stange ragt weit über den eigentlichen Rosenstock hinaus.

Das Kulturgatter im Wald ist ein gutes Motiv, um noch einmal auf die herausragende Bedeutung von Zäunen aller Art für die bis hierhin angesprochenen Abnormitäten hinzuweisen.

Hormonelle Störungen

Nun wird es „innerlich"

Bis zu diesen Seiten waren Schäden durch Stoß, Druck oder Hebelkräfte die Ursache für abnorme Geweihe. Aber wie entstehen Perückengeweihe? Welche Geweihe tragen Zwitter oder gar Ricken?

Die Tageslichtlänge ist für das Abwerfen und Schieben mitverantwortlich.

Erinnert sei daran, daß die Abwurf- und Fegetermine durch ganz bestimmte Tageslängen festgelegt sind. Erinnert sei weiterhin daran, daß ein normales Geweihwachstum nur möglich ist, wenn der Testosteronspiegel im Blut extrem niedrig ist, und daß ein verfegtes Geweih nur getragen werden kann, wenn der Testosteronspiegel über einem bestimmten Schwellenwert liegt. Wie dieses Geweih dann tatsächlich aussieht, das heißt, wie dieses Raster ausgefüllt wird, hängt von sehr vielen Faktoren ab – wie zum Beispiel genetischen Dispositionen, unterschiedlichen Konzentrationen des Wachstumshormon IGF_1, Hormonen, Nahrunsangebot, Parasitenbelastungen, Pestiziden, Schwermetallen und sozialem Streß. Die Interpretation des Aussehens solcher Geweihe ist darum äußerst schwierig, weil mehrere der angeführten Faktoren zusammenspielen können. Es ist zum Beispiel seit langer Zeit bekannt, daß starker sozialer Streß die Empfindlichkeit gegenüber einem parasitären Befall sehr stark steigert.

Hormonelle Störungen

Dieses Geweih zeigt eine sogenannte Bischofsmütze. Sein Bast hängt in Anhängseln herunter, die mit knorpeliger Masse gefüllt sind. Sie werden Locken genannt.

Dieser etwa sechsjährige Bock hatte nur erbsengroße, verkümmerte Brunftkugeln. Vermutlich handelt es sich um den Beginn einer Perückenbildung – kurz nach einer Verletzung. Das Geweih und die korallenartigen Perlen auf dem unteren Stangenteil und den Rosen waren gut verkalkt. Der letzte Zuwachs auf den Perlen war knorpelartig. Der Bastanteil ist sehr gering. Da nur eine Stange unter einer Basthaut wachsen kann, muß der Bock bei vorübergehend angestiegenem Testosteronspiegel gefegt haben.

Perückengeweihe

Perückengeweihe zählen sicherlich zu den spektakulärsten Abnormitäten, die Rehwild zeigen kann.

Kommt es zum Ausfall des Sexualhormons – Produktion in den Hoden –, beginnt die Bildung eines Perückengeweihs. Das ist dann der Fall, wenn bei einem erwachsenen Bock die Brunftkugeln verlorengehen, krankhaft zerstört werden oder verkümmern.

Gehen bei einem Bockkitz die Brunftkugeln verloren, bevor die Rosenstöcke ausgebildet sind, wird dieser – auch im späteren Leben – nie ein Geweih schieben. Er wird immer ein Plattkopf bleiben. Fällt bei einem erwachsenen Bock durch Verlust der Brunftkugeln das Sexualhormon aus, wenn der Bock mitten im Kolbenwachstum ist, wird dieses Geweih sofort in ein Perückengeweih übergehen. Hat der Bock bei Verlust der Brunftkugeln jedoch ein fertiges und gefegtes Geweih, wird dieses sehr bald abgeworfen und anschließend ein Perückengeweih gebildet.

Der Verlust eines Hodens führt nicht zu einer einseitigen Perückengeweihentwicklung. Die von einem gesunden Hoden produzierte Testosteronmenge, die über den Kreislauf gleichmäßig verteilt wird, reicht aus, daß ein normales Geweih ganz normal durchmineralisiert, gefegt und später abgeworfen wird.

Perückengeweihe sind ständig wachsende Geweihe, die nicht gefegt werden. Sie haben deshalb fast immer einen sehr hohen Bastanteil. Der Hauptzuwachs bei Perückengeweihen fällt in die Zeit, in der normalerweise Geweihe wachsen. Der Zuwachs bei einem Perückengeweih erfolgt meist nur an den Perlen, ist also besonders stark an den unteren Stangenteilen und Rosen, wo ja auch bei jedem normal entwickelten Bock die Hauptperlung vorhanden ist. Deshalb verwachsen bei einem Perückenbock meist auch sehr schnell die Rosen und unteren Stangenteile. Perücken können zu einer solchen Größe heranwachsen, daß sogar die Lichter überwallt werden.

Perücken sind äußerst empfindliche Gebilde. Da sie ständig wachsen, haben sie immer einen hohen Anteil an Blut, Knorpel, Gewebe und Bast. Bei Verletzungen – selbst ohne Verletzung in der warmen Jahreszeit – sind diese Geweihe immer anfällig für Infektionen. Perückenböcke überleben meist nur ein bis drei Jahre. Geschwüriger Zerfall mit dem Absterben ganzer Perückenteile und zusätzlicher Madenfraß beschleunigen den tödlichen Ausgang.

Perückenböcke haben oft große Schwierigkeiten mit dem Gewicht der Trophäe. Durch ständigen Druck der Perücke kann eine Nekrose (= Absterben von Zellen) der Stirnhaut, begleitet von einer Eiterung, eintreten. Gleichzeitig kann eine Osteoporose (= Schwund des festen Knochengewebes bei Zunahme der Markräume) aller Schädelknochen, besonders des Stirnbeins, beginnen. Die Schädelknochen werden langsam papierdünn. Besonders das Stirnbein ist letztlich mehrfach perforiert – vor allem zwischen den Rosenstöcken. Heftige Infektionen bedeuten dann den frühen Tod des Perückenbocks.

Bei den Reh-Perücken gibt es unterschiedliche Typen: Es gibt Perücken, die sich durch äußerst rasches Wachstum auszeichnen. Das

Auf diesem Foto wie auf denen der folgenden Seiten ist der bei Tierfreunden quasi im Haushalt lebende Perücken-Methusalem (12 Jahre!) abgebildet.

Hormonelle Störungen

Bastgewebe kann dann in Form von häutigen Anhängseln ausgebildet sein. Diese Anhängsel, die oft eine enorme Größe erreichen, sind mit einer Knorpelmasse gefüllt. An der Basis des Perückengeweihs können sie bis über die Lichter herunterhängen. Sie können aber auch über das ganze Geweih verteilt sein und werden zur Geweihspitze hin immer kleiner. Diese Perückenform ist die sogenannte „Bischofsmütze". Bei ihr überwiegen die Bastwucherungen deutlich den geringen Skelettanteil.

Andere Perücken wachsen dagegen nur sehr langsam. Es fehlt die Bildung der häutigen Anhängsel. Diese Trophäen werden als „Helmperücken" bezeichnet. Im Vergleich zur Bischofsmütze geht die Wucherung hauptsächlich im Kolbengewebe vor sich. Das Skelett besteht aus porösem Knochengewebe, füllt den Helm fast ganz aus und ist wesentlich besser verkalkt. Die Wucherungen sind im Bereich der Rosen und am unteren Teil der Stangen am üppigsten.

Die meisten Erleger von Perückenböcken lassen ihre Trophäe mit Kopf und Träger präparieren. Deshalb an dieser Stelle einige Tips: Da das Perückengehörn ein äußerst empfindliches Gebilde ist, sollte man die Vorarbeiten dem Präparator überlassen. Beim Abkochen des Schädels können sich ganze Bastpartien auflösen, Perlen sich großflächig lösen und abfallen. Auch werden schnell Fehler beim Abziehen der Decke gemacht. Für ein gutes Präparat benötigt der Präparator Deckenteile, die über den Stich hinausgehen. Es sollte daher niemals der Schnitt bereits am Trägeransatz, sondern über den Blattansatz geführt werden. Wenn möglich, sollte man die gesamte Decke geschlossen abziehen, also ohne weiteren Schnitt auf der Trägerunterseite und der -rückseite.

Oben und rechts: Böcke, die sehr früh in der Jugend ihre Brunftkugeln verlieren, schieben meist nur kurze, knollige Perücken.

Perückengeweihe

103

Perückengeweihe

Oben und links: Der alte Bock in der Sommer- und in der Winterdecke. Im Profil ist gut der Hautlappen zu erkennen, der dem Greis fast bis an das Licht heranreicht.

Hormonelle Störungen

Die Perücken der Böcke auf diesen beiden Seiten zeigen enorm hohen Bastanteil. Sie sind sehr rasch gewachsen. Die mit Knorpelmasse gefüllten häutigen Anhängsel können sehr groß werden und das gesamte Gesichtsfeld überwuchern.

Perückengeweihe

Perückenböcke haben meist keine hohe Lebenserwartung. Da die Perücke einen hohen Anteil an Blut, Knorpel, Gewebe und Bast hat, ist sie anfällig für Infektionen aller Art, besonders während der warmen Jahreszeit mit langanhaltenden Regenperioden.

Hormonelle Störungen

Skelettierte Perükkengeweihe sind für die meisten Jäger sicherlich ein ungewohnter Anblick...

Perückengeweihe

... Ihre deutlichen Unterschiede in der Perlenbildung sind mit an Sicherheit grenzender Wahrscheinlichkeit das Ergebnis unterschiedlicher genetischer Vorgaben.

Hormonelle Störungen

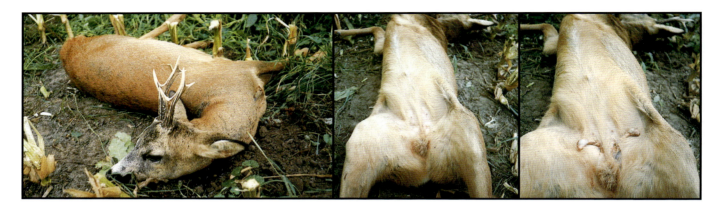

Dieser männliche Zwitter zeigte äußerlich weibliche Geschlechtsmerkmale. Eine Brunftrute war nicht vorhanden. Dort, wo beim weiblichen Stück die Schürze ist, zeigt sich im Feuchtblatt eine vergrößerte Klitoris – anstelle der Brunftrute. Mit Sicherheit wurde der Fötus während der embryonalen Entwicklung männlich angelegt. Durch die Beeinflussung starker, weiblicher Geschlechtshormone (in jedem Säugetier kommen stets männliche und weibliche Geschlechtshormone vor) konnte es nicht zur normalen, geschlechtsspezifischen Ausbildung kommen. Der verfegte „Bock" hatte verkümmerte Brunftkugeln von der Größe einer Pferdebohne, die in der Leistenspalte deutlich sicht- und fühlbar untergebracht waren. Zur Verdeutlichung wurden die Brunftkugeln freigelegt. Leider wurde nicht untersucht, ob dieses Stück Eierstöcke hatte. Da die Brunftrute fehlte, war dieser „Bock" nicht fortpflanzungsfähig. Er fiel durch desinteressiertes Verhalten in der Blattzeit auf.
Das Geweih konnte geschoben werden, da genügend Testosteron gebildet worden ist.

Diese „gehörnte Ricke" mit dem wuchtigen Perückengeweih ist tatsächlich ein Bock, der äußerlich weibliche Geschlechtsmerkmale aufweist. Es sind Scheinzwitter, bei denen die Brunftkugeln im Inneren des Körpers – in der Bauchhöhle – liegen. Solche Stücke können natürlich keine Kitze führen – es sind ja Böcke. Sind bei solchen Zwittern die Brunftkugeln nicht verkümmert, haben sie einen Geweihzyklus wie normale Böcke. Bei diesem Perückenbock wurden Brunftkugeln nicht gefunden – ebenso fehlte die Brunftrute. Vermutlich lagen die Brunftkugeln verdeckt in der Bauchhöhle. Diese wurde allerdings nicht untersucht. Der Perückenbock wurde über drei Jahre lang beobachtet. Das Volumen des Perückengeweihs nahm von Jahr zu Jahr an Umfang und Länge deutlich zu. Besonders auffallend war der große Bewegungsradius des Bocks. Die Entfernung zwischen seinem Sommer- und Wintereinstand betrug über vier Kilometer. Während der Vegetationszeit bevorzugte er ein reines Feldrevier mit kleinen Hecken und Feldgehölzen, im Winter war sein Einstand in einem großen geschlossenen Waldgebiet mit Kieferndickungen und Erlenbruchwäldern.

Zwitter

Manche Zwitter erkennt man bereits beim Ansprechen. Andere lassen sich erst beim Aufbrechen enttarnen.

Es kann bei Zwittern zum Schieben völlig durchmineralisierter und verfegter Stangen, aber ebenso auch zu Perückengeweihen kommen.

Der Zwitter vereinigt in sich die Merkmale beider Geschlechter. Ein embryonal männlich angelegtes Reh mit einem Überschuß an weiblichen Hormonen wird ein Zwitter mit männlichem Erscheinungsbild und Verhalten. Dieses Stück ist in der Regel nicht fortpflanzungsfähig. Es kann bei ihm zum Schieben völlig durchmineralisierter und verfegter Stangen, aber ebenso auch zu Perückengeweihen kommen.

Ein embryonal weiblich angelegtes Stück mit einer Dominanz männlicher Hormone kann später typische Rickengeweihe schieben. Diese sind meist kleine, knopfartige, schwammige Wucherungen – perückenähnliche Gebilde. Ebenso können kleine Stangen geschoben werden. Es wird vielfach berichtet, daß diese Stücke sich fortpflanzen können.

Fast alle Säugetiere tragen die Hoden in einem Hodensack, da zur gesunden Entwicklung und Reifung der Spermien die Temperatur etwas unter der Körpertemperatur liegen muß. Eine Ausnahme bildet zum Beispiel der Elefant, der die Hoden ständig in der Bauchhöhle trägt.

Bei Stücken mit Hoden im Leistenkanal kann es bei ausreichender Testosteronbildung zur Bildung eines normalen Geweihs kommen. Bei ausbleibender Testosteronbildung entsteht ein Perückengeweih. Liegen die Brunftkugeln jedoch in der Bauchhöhle, wird überhaupt kein Geweih gebildet – es bleibt ein Plattkopf –, oder es entsteht eine Perücke.

Gehörnte Ricken

Beim Rehwild trägt die eine oder andere Ricke ein Geweih. Beim Rentier ist das normal, beim Rehwild hingegen ist dies abnorm.

Bei den Hirschartigen besitzen nur beim Rentier auch die weiblichen Stücke eine Veranlagung zur Geweihbildung. Dennoch gibt es fast keine Hirschart, bei der nicht in Ausnahmefällen auch Stirnwaffen von den weiblichen Tieren getragen werden. Auffallend ist hierbei, daß beim Rehwild häufiger Geweihbildungen auftreten als bei anderen Hirscharten.

Bei Ricken im hohen Alter kann durch verminderte Tätigkeit der Eierstöcke eine sogenannte Maskulinisierung eintreten. Dann sind Ansätze von Rosenstockbildung unter der Decke in ansehnlicher Stärke als Wülste zu ertasten. Die Rosenstöcke sind zwar wie bei Böcken an der äußeren Stirnbeinleiste, aber viel weiter zum Augenbogenrand hin angesetzt. Es kann auch zum Schieben von Kolben kommen. Die Kolben besitzen keine Rosen, können jedoch besonders in der unteren Partie reich geperlt sein und ähneln sehr den Perückengeweihen.

Ganz links: Der Normalfall: Weibliche Rehe sind geweihlos. Oben: Abnorm – Ricke mit Rosenstöcken.
Links: Die Bildung von Stirnzapfen setzt einen länger oder kürzer dauernden Testosteronspiegelanstieg im Blut voraus, der jedoch beim Schieben des Rickengeweihs wieder verschwunden sein muß.

Hormonelle Störungen

Rickenperücken sind kugelige, blumenkohlartige, unter einer geringen Bastschicht entstandene Stirnfortsätze. Sie bleiben meist recht klein und werden weder gefegt noch abgeworfen. Ihnen fehlt außerdem das charakteristische, fortschreitende Wachstum wie bei einer Bockperücke.

Gehörnte Ricken

Beim Bock sind Rosenstöcke walzenförmig angelegt. Bei diesem Rickergeweih fällt der sich stark nach oben verjüngende Rosenstock auf. Ungewöhnlich ist ebenso seine stark poröse Oberfläche.

Hormonelle Störungen

Der Schädel dieser älteren Ricke weist unterschiedlich große, kugelige Gebörnformen auf. Bei der Ricke lag eine Drillingsträchtigkeit vor.

Gehörnte Ricken

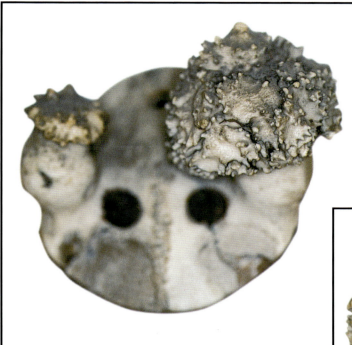

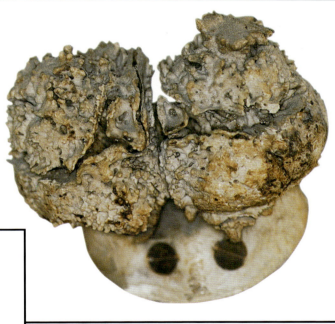

Typische kugelige Skelette von Rickengeweihen aus der Cottaschen Sammlung der Forstlichen und Jagdkundlichen Lehrschau der Universität Dresden in Grillenburg.

Hormonelle Störungen

„Luxusgeweihe"

Luxusgeweihe zeichnen sich durch hohes Volumen und hohes Gewicht aus.

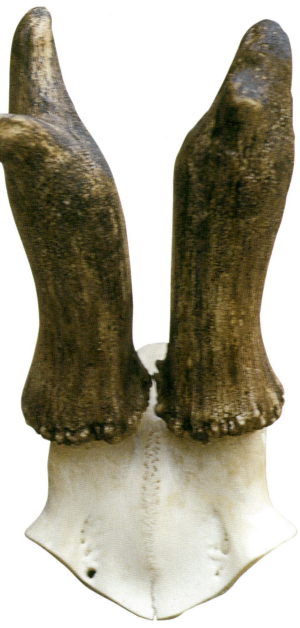

Aus der Literatur und der jagdlichen Presse sind nur wenige Luxusgeweihe bekannt. Die Ursache, die zu solchen Geweihbildungen führt, ist bis heute unbekannt. Es sind Geweihe mit kurzen, äußerst klobigen Stangen und meist fehlender Endenbildung. Die Stangen haben eine große Masse und ihr spezifisches Gewicht ist sehr hoch. Schon die Rosenstöcke wirken aufgetrieben und sitzen auf sehr massiven Schädelknochen. Unterhalb der Rosen ist der Rosenstock im Durchmesser wesentlich stärker als an der Basis. Da die Stangen in der Stärke des oberen Rosenstockdurchmessers angelegt werden, können sich wuchtige und überstarke Stangen bilden.

Andere Autoren zählen auch die sogenannten englischen Rekord- und Monsterböcke in die Kategorie der Luxusgeweihe. Es sind Geweihe mit einem Gewicht von über einem Kilogramm bekannt. Bei diesen Böcken handelt es sich jedoch wahrscheinlich um eine Form von Hypertrophie (durch Zellenwachstum vergrößertes Gewebe oder Organ) infolge eines zu hohen Angebotes des insulinartigen Wachstumshormons IGF_1. Diese englischen Rekordböcke haben im Vergleich zu dem im Foto gezeigten Luxusgeweih eine ausgeprägte Endenbildung. Die sich nach oben verjüngende Stange steht auf einem enorm stark aufgetriebenen Rosenstock. Die Schädel dieser Böcke wirken aufgedunsen und sind äußerst massiv. Die Rose setzt sich kaum von der Stange ab.

Diese Monsterböcke sind nur aus einem engbegrenzten Gebiet in Südengland bekannt. Es dürfte ein genetischer Defekt vorliegen, der rezessiv vererbt werden kann.

Ein Luxusgeweih aus Thüringen mit einer Stangenlänge von nur 12 cm, aber einem Gewicht von 500 Gramm. Die massigen Stangen haben von unten bis oben einen fast gleichen Umfang von 12 cm, geringen Rosenansatz und keine Perlung.

Störungen durch Parasiten

Widder und

Die Wachstumsphase der Geweihe liegt im Winter, also in einer Zeit, in der die Aktivitäten von Parasiten niedriger liegen als im Sommer,...

andere krumme Gesellen

Durch starken Endoparasitenbefall ist ein erheblicher Einfluß auf die Geweihbildung gegeben.

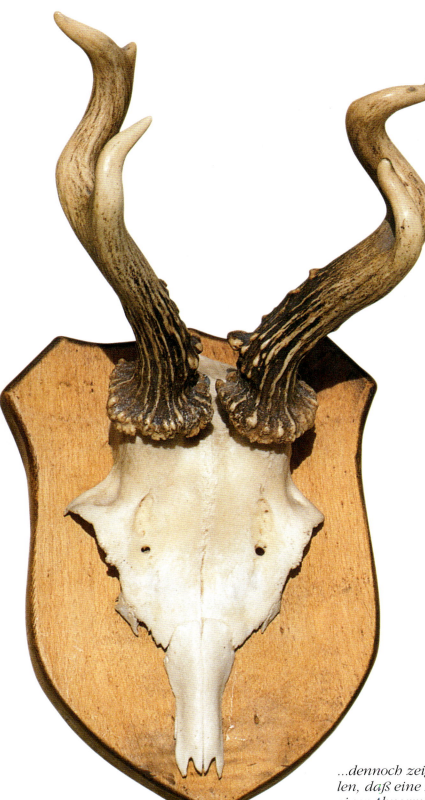

Magen-, Darm- und Lungenwürmer belasten neben der Immunität auch die im Blut enthaltenen Nährstoffe, Mineralien sowie Spurenelemente. Je nach Intensität und Art der Parasiten gibt es die unterschiedlichsten Reaktionen bei der Geweihausbildung.

Die im Blut zirkulierenden Parasiten schaden bei allen Wiederkäuern in mehrfacher Weise. Es kommt zu einem Nahrungsentzug von Eiweiß, Kohlenhydraten, Mineralien und Vitaminen und zu Defekten an den Gefäßwänden durch Saug- und Bohrwirkung. Im Blutkreislauf machen Parasiten während der Entwicklung mehrere Häutungen durch. Diese abgestorbenen Häutungssubstanzen und Abprodukte sind giftig für den Wirt. Besitzt ein älteres Reh (analog zu landwirtschaftlichen Nutztieren) bereits eine ausgebildete Immunität gegen Parasiten, kommt es nicht zu solchen Reaktionen. Es sind wenig alte Böcke bekannt, die Abnormitäten dieser Art zeigen.

...dennoch zeigen Organuntersuchungen in vielen Fällen, daß eine Beziehung zwischen Parasitenbefall und einer Abnormität in der Geweihbildung gegeben ist.

Störungen durch Parasiten

Das Zusammenspiel der unterschiedlichsten Belastungen und immunologischen Auseinandersetzungen zwischen Wirt und Umwelt führen zu einem Absenken und Wiederaufrichten der wachsenden Geweihmasse und zu sehr unterschiedlichen Krümmungen.

Widder und andere krumme Gesellen

Eine derartige Geweihform spiegelt den Gesundheitszustand des Bockes während des Schiebens wider.

Anhäufungen von Parasiten gibt es überall dort, wo es zu hohen Wildkonzentrationen kommt, zum Beispiel an Fütterungsanlagen,...

... aber ebenso nimmt das Rehwild vermehrt Parasiten auf, wenn es auf Flächen äst, auf denen intensiv Schafe, Rinder oder Schweine weiden.

Störungen durch Parasiten

Diese beiden älteren „Gummiböcke" wurden 1998 innerhalb von einer Stunde auf engbegrenzter Fläche in Wielun/Polen in der Warthe-Niederung erlegt. Bei der Erlegung waren die Stangen beider Böcke biegsam wie ein Gartenschlauch. Dies war eine neue Erfahrung auf diesem Gebiet.

„Gummigeweihe"

Ob Genetik, Umfeld oder Standort – die Ursache für die Entstehung von Gummigeweihen ist nicht restlos geklärt.

Während seiner Entwicklung ist das Geweih auf eine funktionsfähige Blutzirkulation angewiesen. Alle Belastungen, die diesem Prozeß schädlich sind, führen zu krankhaften Veränderungen, die sich zum Beispiel in Gummigeweihen, Widder- oder Korkenzieherbildung widerspiegeln.

So kann es dazu kommen, daß die Geweihsubstanz entmineralisiert wird und erweicht. Die Stange hat dann keine Statik mehr. Das Gewicht des noch wachsenden Kolbenscheitels führt zur Stangenabsenkung.

Die krankhaften Auswirkungen der Leberegel und der im Nervengewebe wandernden Dassellarven und deren Toxine auf die Geweihentwicklung sind nach meiner Kenntnis nie untersucht worden.

Bei Haustieren sind krankhafte Defekte durch Pestizide, Schwermetalle und andere toxische Substanzen bekannt, die mit Sicherheit auch bei unseren Cerviden zu Geweihveränderungen führen.

Störungen durch Parasiten

Im Abstand von nur drei Jahren wurden diese beiden älteren Gummiböcke von mir in einem Kiefernrevier erlegt. Viele gemeinsame Merkmale fallen auf:...

„Gummigeweihe"

... Die Rosen gehen ohne Absatz in die Stangen über, die Stangenfarbe war bernsteinartig, die Stangenoberfläche ist glasig, glatt und ohne jede Perle, die Abdrücke der Blutbahnen sind deutlich. Alle Stangen waren bei der Erlegung elastisch und biegsam.

Genetische und andere Phänomene

Tulpengeweihe

Tulpengeweihe verdanken ihren Namen einem kelchartigen, tulpenförmigen oberen Stangenaufbau.

Auffallend große tulpenförmige Kelche sitzen auf kurzen Tragstangen mit normaler Rosen- und Perlenanlage.

Seit fast einem Jahrhundert beschäftigen die sogenannten „Tulpengeweihe" viele Geweihforscher.

Auf meist sehr kurzen Tragstangen kommt es oberhalb der Kampfsprosse zu einer Kelchbildung, die oft zur schaufelartigen Ausformung führen kann. Dabei ist die Kampfsprosse bereits Bestandteil dieses Kelches, oder sie ist überdimensional stark oder löffelartig ausgebildet. Der Rand des Kelches kann eine große Anzahl von endenartigen Zacken tragen.

Die Bezeichnung „Tulpengeweih" ist laut Literatur ursprünglich nur auf das Gebiet Nienburg/Weser bezogen. Alle anderen Vorkommen von sogenannten „Tulpenböcken" wurden als Schaufelgeweihe beschrieben.

Hierbei handelt es sich um eine Mißbildung, die durch eine plötzliche Erbänderung (Mutation) entsteht. Ihr sehr seltenes Vorkommen läßt vermuten, daß sie (rezessiv) vererbt wird. Das bedeutet, dieses Geweihmerkmal müssen beide Elternteile als Erbträger besitzen. Es kann also über viele Jahre unbemerkt weitervererbt werden.

Die erste Erwähnung der „Nienburger Tulpengehörne" stammt aus dem Jahre 1800. Die letzten Meldungen über erlegte Böcke mit solchen Geweihen wurden aus diesem Raum um 1970 bekannt.

Genetische und andere Phänomene

Ein bemerkenswertes Tulpengeweih aus dem Raum Hitzacker/Elbe (Niedersachsen). Das Geweih aus dem Jahre 1971 zeigt eine „erstaunliche" Stangenlänge von 15,5 cm, ein Gewicht von 500 Gramm, einen Stangenumfang von 8 cm und einen Kelchumfang von 26 cm. Das Hauptvolumen liegt im oberen Stangenbereich.

Tulpengeweihe

Ein 450 Gramm schweres Tulpengeweih aus dem alten Ostpreußen. Eine imponierende Erscheinung!

Genetische und andere Phänomene

Dieses starke Schaufelgeweih aus dem Raum Bamberg/Oberfranken zeigt an der rechten Stange gleichzeitig eine tiefe Stangenteilung, die vermutlich durch Verletzung des Kolbenscheitels während der Wachstumsphase entstanden ist.

Schaufelgeweihe

Tulpen- und Schaufelgeweihe werden oft in einem Atemzug genannt – das ist nicht richtig.

Form, Struktur und Aufbau eines jeden Geweihs sind genetisch festgelegt. Schon optisch haben Tulpen- und Schaufelgeweihe nichts miteinander zu tun. Es sind zwei Ausdrucksformen von zwei unterschiedlichen genetischen Dispositionen.

Alle Hirschartigen neigen zur Schaufelbildung, so auch unser Rehwild. Bei Schaufelbildungen kommt es immer wieder zu Wiederholungen ganz ähnlicher Formen in einem eng begrenzten Gebiet.

Schaufelgeweihe treten wesentlich häufiger als Tulpengeweihe auf. Ihre Stangen sind deutlich länger und in Form und Struktur einem normalen Rehgeweih ähnlich. Sie zeigen einen ganz normalen Stangenaufbau mit Rosen und Kampfsprosse. Im oberen Stangenteil kommt es zu einer schwimmhautähnlichen Verbreiterung. Schaufelgeweihe neigen an den Schaufelkanten zu einer größeren Endenbildung und übertreffen deshalb häufig die normale Sechser-Stufe eines Rehgeweihs.

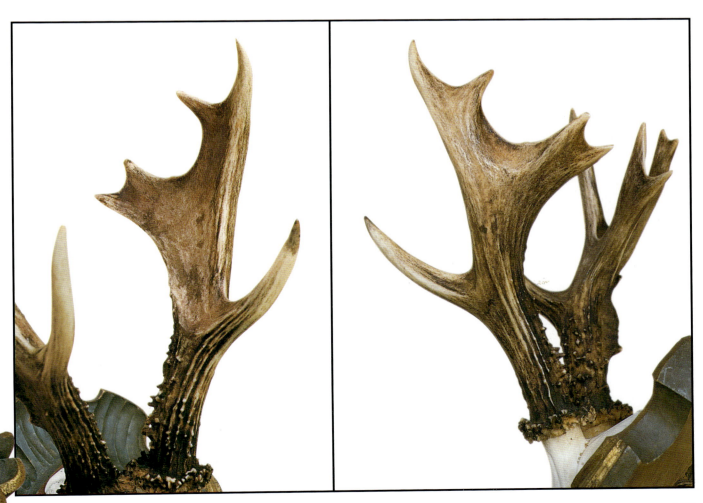

Genetische und andere Phänomene

Beide Seiten zeigen Rehgeweihe mit schwimmhautartigen Schaufelausbildungen im oberen Stangenbereich, an deren Oberkante endenartige Zacken ausgebildet sind.

Schaufelgeweihe

Die Anlage zu „Schaufeln" bezieht sich nur auf den oberen Stangenteil. Die Vordersprosse ist – wie bei vielen Tulpenböcken – nicht mit in die Schaufelbildung einbezogen.

Genetische und andere Phänomene

Eine schaufelartige Verbreiterung oberhalb der Kampfsprosse unterscheidet dieses Geweih vom ganz normalen Rehgeweih. Die Kanten der Schaufeln sind messerscharf ausgezogen.

Schaufelgeweihe

Ein „Eichenblatt-Typ" aus Pommern. Das Geweih hat lediglich eine Höhe von 12 cm bei einer erstaunlichen Schaufelbreite von 10 cm (breiteste Stelle). Derartige Geweihformen sind selten. Wie bei diesem Bock sollen die Stangen teilweise auf ovalen Rosenstöcken stehen, deren Stangen nicht rund, sondern oval ausgebildet sind.

Genetische und andere Phänomene

Launen der Natur

So vielfältig wie der Fingerabdruck des Menschen gestaltet ist,– annähernd so variabel ist die Ausbildung von Rehgeweihen.

Das Zusammenspiel von genetischen Faktoren und Umwelteinflüssen führt zu der Gestalt, wie wir sie sehen, dem Phänotyp. Jedes Individuum einer Gruppe unterscheidet sich in seinem Erscheinungstyp von den anderen Gruppenmitgliedern. Die Unterschiede sind für unsere Wahrnehmung so gering, daß wir keine Schwierigkeiten haben, einen Mittelwert festzustellen. Plötzlich ist ein Bock dabei, der nach unserer Wahrnehmung beträchtlich vom Gruppenmittel abweicht und dann von uns schnell als anormal eingestuft wird. Dieser ausgemachte Außenseiter demonstriert uns recht deutlich die Stabilität, die sich Jahr für Jahr in der Geweihgestalt fortsetzt.

Die Vielgestaltigkeit der Geweihausformung zeigt sich dann bei der Betrachtung der Gesamtpopulation. Solche Außenseitermerkmale können für lange Zeiträume verschwinden, um dann plötzlich wieder aufzutauchen. Das ist immer ein starker Hinweis für rezessive Vererbung des Merkmals.

Bei dem Haarkleid des Rehwildes sind Farbvarianten von fahlgelb über rot bis schwarz bekannt.

Genetische und andere Phänomene

Solche genetischen Außenseiter können sich über Jahre in bestimmten Habitaten rezessiv vererben, um dann durch glückliche Umstände wieder zum Vorschein zu kommen.

Launen der Natur

Was ist die Ursache für diese unterschiedlichen Stangenformen und Perlenauflagerungen? Die rechte Stange scheint unter ganz anderen Prämissen gewachsen zu sein.

Genetische und andere Phänomene

„Die

Auch ein Jungjäger kann die vielen verwandtschaftlichen gemeinsamen Merkmale dieser beiden...

liebe Verwandtschaft"

Verwandtschaftliche Merkmale können sich in einer Rehwildpopulation über lange Zeiträume im Geweih wiederholen.

Bei genetischen Prozessen, bei denen mehrere Gene mit im Spiel sind und das jeweilige väterliche und mütterliche Gen zusätzlich unterschiedlich sein können, ist in der Ausprägung von Geweihmerkmalen mit deutlichen Bandbreiten zu rechnen. Optimale und pessimale Umweltbedingungen wirken sich mit Sicherheit in der Geweihmasse und in bescheidenem Umfang auch auf die Form aus.

Dabei kommt es natürlich auch bei jedem einzelnen Bock zu jährlichen Wiederholungen dieser ererbten Geweihformen. So unbedeutende Dinge wie zum Beispiel der Verlauf der großen Blutgefäße als Abdruck auf den Stangen lassen sich bei einer Abwurfserie „fotografisch getreu" belegen.

...im Raum Stelle/Kreis Harburg erlegten Böcke erkennen. Sie wurden innerhalb eines Jahres im gleichen „Biotop" erlegt.

Genetische und andere Phänomene

Das Kleeblatt

In eng begrenzten Biotopen kommt es über viele Jahrzehnte hinaus zu Wiederholungen bestimmter Geweihformen und Strukturen.

Alle drei Böcke, die Träger dieser Geweihe waren, bevorzugten Gemengeflächen mit einem hohen Anteil von Rotklee.

In seinem Buch „Waidwerk – ewig jung" beschreibt *Robert Stute* eine Rehwildpopulation im Raum Dannenberg/Elbe. Hier lebten Böcke, die in ihrem Geweihaufbau gleiche Eigentümlichkeiten aufwiesen. Es waren Böcke mit sehr wuchtigen Stangenstümpfen, die im Stil des Barocks durch starke, unregelmäßige Perlen bis in die Spitzen überwuchert sind. Hin und wieder ragte aus der Geweihmasse eine dünne, glatte Verlängerung heraus. Alle Geweihe waren gemessen an ihrer geringen Höhe äußerst schwer.

Robert Stute und seinem Sohn war schon damals klar, daß diese Form der Geweihe auf Vererbung und nicht auf Zufälligkeit zurückgeführt werden muß. In diesem Revier gab es eine Häufung von Böcken dieser Art zwischen 1965 und 1970. In wenigen Jahren wurden auf engem Raum acht Böcke dieses Typs erlegt. Die Erbanlage zu solchen Geweihformen ist weiterhin in diesem Bestand vorhanden. Allerdings hat es rund 25 Jahre gedauert, bis im Jahre 1995 wieder ein Bock gestreckt wurde, dessen Geweih exakt in diese Serie paßt.

Genetische und andere Phänomene

In Form, Perlung und Aufbau stimmen alle Geweihe aus dieser räumlich „eng begrenzten" Rehpopulation überein.

Das Kleeblatt

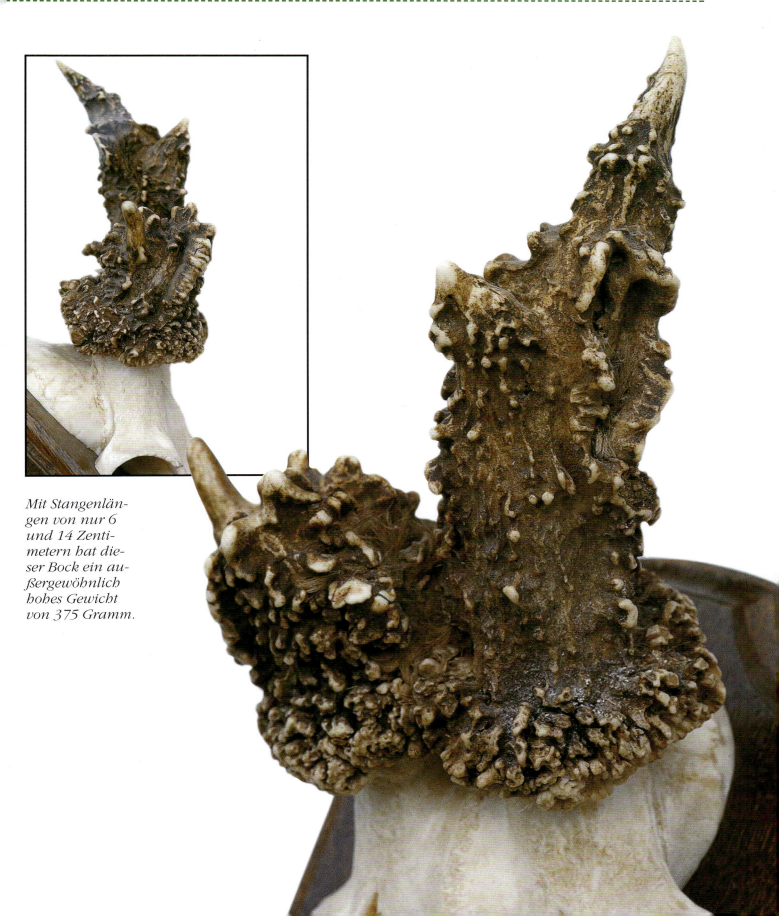

Mit Stangenlängen von nur 6 und 14 Zentimetern hat dieser Bock ein außergewöhnlich hohes Gewicht von 375 Gramm.

Genetische und andere Phänomene

Die Woltersdorfer Feldkirche im Hannoverschen Wendland ist ein Feldsteinbau aus dem 14. Jahrhundert.

Kreuzböcke treten verhältnismäßig selten auf. Sie spielen seit der Zeit des Christentums eine besondere Rolle und sind bei Jägern sehr begehrt.

Kreuzböcke

Kreuzböcke haben für den Jäger eine besondere Faszination und Bedeutung – erinnern sie doch an das Kreuz der Christen.

Eine besondere Variante in der genetischen Festlegung von Geweihformen stellt der Kreuzbock dar. Wie bei vielen Geweihausbildungen, kann man bei Kreuzböcken auf eine Populationsgenetik folgern. Es werden am gleichen Standort ähnliche Trophäen erbeutet, und mancher Bock neigt zur jährlichen Wiederholung solcher Formen.
Auffällig ist, daß alle Kreuzböcke, die untersucht wurden, eine einseitige und rechtsseitige Kreuzform zeigten. Es wäre interessant, der Frage nachzugehen, ob auch beidseitige oder linksseitige Kreuzböcke aufgetreten sind.

Ein sauberes Kreuz bilden Kampf- und Hintersprosse mit dem durchgehenden Ende der rechten Stange.

Genetische und andere Phänomene

Auch bei den Kreuzböcken gibt es eine große Anzahl von Varianten. Die meisten Kreuzbockformen treten rechtsseitig auf. Selbst unter den Widder- und Korkenziehergeweihen sind Kreuzböcke zu finden. Die Kreuzform wird dann genetisch bedingt sein, und ein akuter Parasitenbefall kann dann das Widdergeweih hervorgerufen haben.

Kreuzböcke

"Überkreuzböcke" sind Böcke mit ineinander verschränkten Stangen. Die veränderte Stellung eines Rosenstocks ist die Ursache. Da bei diesem Bock eine Beschädigung des Rosenstocks nicht zu erkennen ist, kann es sich um eine angeborene Veränderung handeln.

Interessante Sammlungen

Autoren aus dem 19. Jahrhundert neigten dazu, besonders abnorme Geweihentwicklungen als „monströs" zu bezeichnen, ohne näher auf die Entstehungsursache einzugehen. Beim Anblick solcher abnormen Böcke wäre auch heute noch die Bezeichnung „monströs" zutreffend.

Cottasche Sammlung

Abnorme Geweihe haben immer schon das Interesse von Jägern geweckt und zur Anlage umfangreicher Sammlungen geführt.

Im Besitz der Technische Universität Dresden, Fachrichtung Forstwissenschaft Tharandt gibt es eine sehr alte und bemerkenswerte Sammlung von abnormen Böcken.
Das älteste Stück dieser abnormen Trophäen stammt aus dem Jahre 1811. Der Bock wurde von *Heinrich Cotta*, dem Begründer und Direktor der Tharandter Königlichen Sächsischen Forstakademie, erlegt. Dieses Geweih übergab *Heinrich Cotta* seinem ältesten Sohn *Heinrich Cotta*, der Direktor der sächsischen Forstvermessungsanstalt war. Ab 1822 wurde eine Sammlung angelegt und fortgeführt. Als passionierter Jäger hatte *Cotta* weitreichende Verbindungen zu Forstleuten und der Bevölkerung.
Es entstand eine umfangreiche Sammlung, die 1872 mit seinem Tode abgeschlossen wurde. Insgesamt kamen 385 abnorme Böcke aus dem Raum Thüringen, Böhmen, Sachsen-Altenburg – aber vorwiegend aus Sachsen – zusammen. Bei den meisten Trophäen handelt es sich um Geschenke, ein geringerer Teil wurde von Händlern angekauft. Von diesen ursprünglich 385 Trophäen sind heute noch 150 Stück vorhanden. Durch Auslagerungen bei Kriegseinwirkungen ist der größte Teil verlorengegangen.
Diese bemerkenswerte Sammlung ist heute noch in einer Forstlichen und Jagdkundlichen Lehrschau in 01737 Grillenburg (bei Dresden), Hauptstraße 7 zu sehen. Ein Besuch dieses Museums lohnt sich, nicht nur wegen der Trophäensammlung.

Die Trophäenwände dieser einmaligen Sammlung spiegeln das ganze Spektrum von Mißbildung bis zu den Regelwidrigkeiten an den Geweihen unseres Rehwildes wider.

Interessante Sammlungen

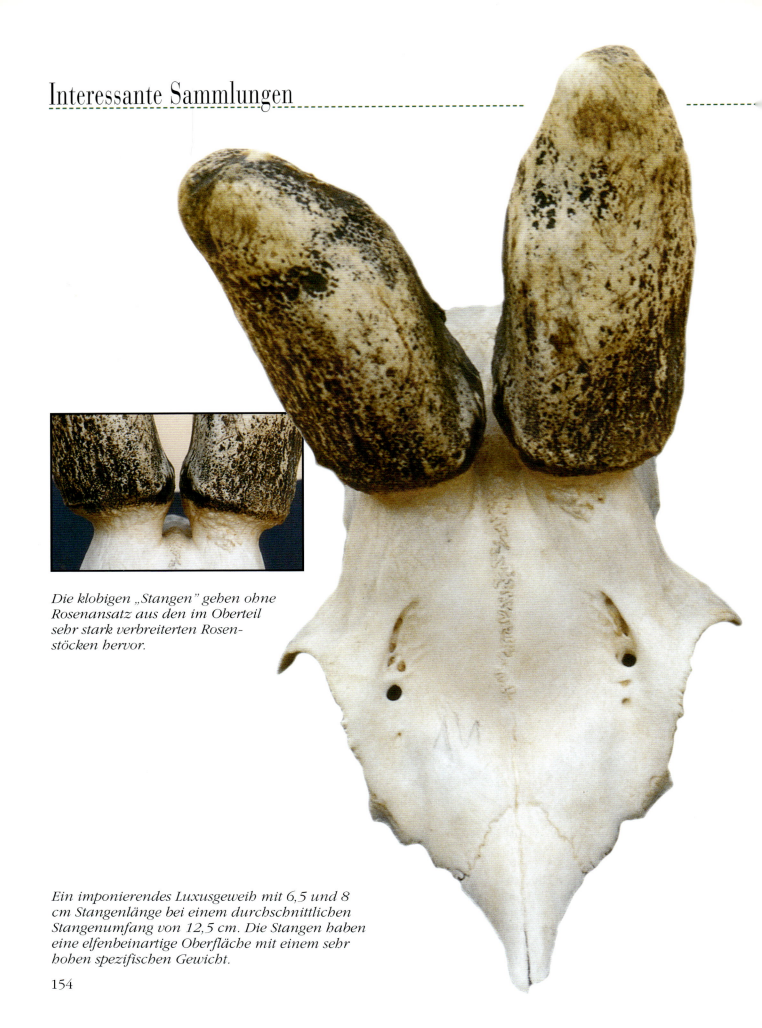

Die klobigen „Stangen" gehen ohne Rosenansatz aus den im Oberteil sehr stark verbreiterten Rosenstöcken hervor.

Ein imponierendes Luxusgeweih mit 6,5 und 8 cm Stangenlänge bei einem durchschnittlichen Stangenumfang von 12,5 cm. Die Stangen haben eine elfenbeinartige Oberfläche mit einem sehr hohen spezifischen Gewicht.

Sammlung Pielowski/Jahr

Von 1970 bis 1990 wurden in einem großflächigen Versuchsrevier der polnischen Wildforschungsstelle Czempin unter Leitung von Professor Dr. Pielowski verschiedene Rehwildhegemodelle erprobt. Dabei wurden auch abnorme Rehwildtrophäen gesammelt und erforscht.

Alle Geweihe dieser Sammlung sind im ehemaligen Versuchsrevier der Wildforschungsstelle des polnischen Jagdverbandes in Czempin in den Jahren 1970 bis 1990 erbeutet worden. Czempin befindet sich in Westpolen, unweit und südlich von Posen/Poznan. Das Revier hat eine Fläche von 15.000 Hektar und ist ein typisches Feld-/Waldrevier, in dem vornehmlich Feldrehe vorkommen.

Insgesamt betrachtet, ist die Trophäenqualität der dortigen Rehböcke gut, natürlich mit der bekannten Streuung von schwach bis sehr stark. Bezeichnend ist, daß unter den schwachen Geweihen relativ viele abnorme zu finden sind – im langjährigen Durchschnitt sieben Prozent. Sie zu erbeuten war jedes Jahr ein besonderes Anliegen der Gastjäger aus Hamburg und Schleswig-Holstein. So schmücken heute viele „Krumme" dortige Jagdzimmer. Doch auch die ortsansässigen Jäger erlegten mit besonders großer Passion viele solcher abnormen Böcke.

Auf diese Weise kam eine umfangreiche Sammlung des langjährigen Leiters der Forschungsstelle Czempin, Professor Dr. Zygmunt Pielowski, zusammen. Pielowski ist passionierter Jäger und Falkner, außerdem der renommierteste Jagdwissenschaftler Polens und Berater des Altverlegers der Zeitschrift JÄGER, Alexander Jahr. Herr Jahr erwarb Teile der Pielowskischen Sammlung. Bei Professor Pielowski verblieben unter anderem 19 Trophäen von sehr langen Altspießern, dem besonderen Stolz seiner Sammlung.

Vermutlich eine sehr frühe Verletzung des Bildungssaumes, bei der auch die Rosenanlage der rechten Stange erheblich gestört wurde. Auf einem Rosenstock haben sich danach zwei Stangen mit eigenen, geschlossenen Rosenkränzen gebildet. Davon eine höhergesetzte Stange oberhalb der Verletzungsstelle. Beide Stangen sind durch einen Spalt deutlich voneinander getrennt.

Eine auffallende Stangenteilung nach Verletzung. Ob die Kreuzform an der rechten Stange ebenfalls auf eine Beschädigung zurückzuführen ist, oder ob es sich um eine genetische Veranlagung handelt, kann in diesem Fall nicht gesagt werden.

Interessante Sammlungen

Das Einhorn. Eine einmalige Trophäe, die schon aus vielen Darstellungen in der Jagdliteratur bekannt ist. Ein zweites Geweih dieser Art ist mir nicht bekannt. Auf einem sehr schmalen Schädel steht auf einem völlig verschmolzenen Rosenstocksockel eine kreisrunde, geschlossene Rose. Trotz Verwachsung ist eine fast ganz normale Stange gewachsen. Die Stange mit „nur" einer Kampfsprosse, zeigt im oberen Bereich aber wieder eine deutliche Teilung.

Sammlung Pielowski/Jahr

Erst auf der Rückseite sieht man die total verwachsenen Stangen auf einem massiven Rosenstocksockel. Auch hier streben die Stangen im oberen Teil wieder auseinander.

Ebenfalls eine sehr selten vorkommende Stangenverwachsung. In der Frontansicht sind zwei eigenständige Rosen und eine noch deutliche Trennlinie zwischen den Rosen und im unteren Stangenbereich zu erkennen.

Interessante Sammlungen

Typische Widder- und Korkenziehergeweihe nach Parasitenbefall.

Sammlung Pielowski/Jahr

Frühe Kolbenverletzungen führen meist zur Bildung von mehreren „unechten" Stangen und oft zur Ausformung von Krallen. Sehr stark beschädigte Bildungssäume werden zur Wundheilung erhöht durchblutet. Dabei werden gleichzeitig größere Mengen Bausubstanzen angeschwemmt. Deshalb weisen schwer beschädigte und ausgeheilte Stangen häufig ein sehr viel größeres Volumen als gesunde Stangen auf.

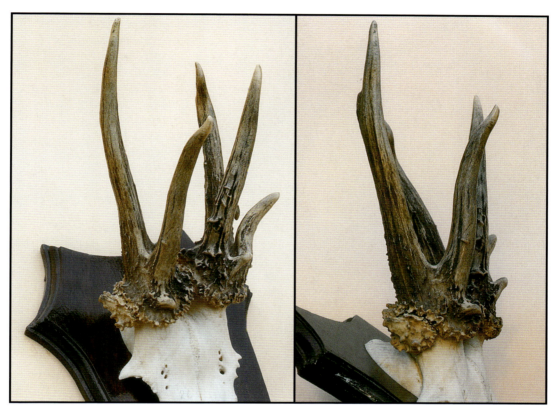

Folgestangen nach Rosenstockbrüchen erkennt man meist daran, daß sie sehr viel tiefer angesetzt sind. Auf einem noch nicht ganz regenerierten Rosenstock wachsen zunächst gesplittete Stangen, die erst nach einigen Jahren wieder zu einer Einheit verschmelzen. Wegen der Durchblutungs- und Versorgungsschwierigkeiten zeigen Folgestangen nach Rosenstockbrüchen meist ein geringeres Volumen.

Interessante Sammlungen

Das Ostpreu

Eine massive Kolbenscheitelverletzung im frühen Wachstumsstadium. Teile des Bildungssaumes direkt oberhalb der Rosenanlage wurde nach unten weggequetscht. Nach Ausheilung der Wunde blieb ausreichend Zeit für weiteres Wachstum und einer kräftigen Korrektur nach oben.

ßische Landesmuseum

Eine Spanne von über 100 Jahren umfaßt die Rehgeweihsammlung im Ostpreußischen Landesmuseum in Lüneburg.

Die ältesten Rehtrophäen stammen aus dem Jahre 1862, die neuesten aus der heutigen Zeit (1993). Die Sammlung wurde aus Nachlässen und Überlassungen zusammengestellt. Eine Trophäe wurde sogar von einem nach Kanada ausgewanderten Besitzer zur Verfügung gestellt. Alle Ausstellungsstücke kommen aus Ostpreußen. Die Sammlung enthält eine große Anzahl von abnormen Böcken mit den unterschiedlichsten Entstehungsursachen. Unter ihnen gibt es eine einmalige Abnormität, die schon von Geweihforschern in vielen Veröffentlichungen dargestellt wurde, so auch in einer Zeichnung *von Raesfeld* aus dem Jahre 1923. Das heutige Museum wurde im Jahr 1987 eröffnet. Der Vorläufer war das Ostpreußische Jagdmuseum, welches 1958 eröffnet wurde, jedoch bereits im Jahre 1959 abbrannte. Erst im Jahre 1964 kam es zur Wiedereröffnung. Es zeigt die gesamte Landesgeschichte und Kultur Ostpreußens. Von den einmaligen Wildbahnen und Wildarten werden besonders die Rominter Heide und das Elchwild – als charakteristische Wildart des Landes – herausgestellt. Eine eindrucksvolle Ausstellung, die den Beitrag Ostpreußens zur deutschen Kulturgeschichte deutlich macht.

Oben: Eine Kolbenscheitelverletzung an beiden Stangen, die zur Bildung von vielen „unechten" Stangen führte.
Links: Vermutlich blieb durch Parasitenbefall eine von unten her fortschreitende Verknöcherung aus. Die Stangen hatten keine Scheitelstabilität mehr. Der noch wachsende schwere Kolbenscheitel bewirkte die Absenkung der Stangen.

Interessante Sammlungen

Das Geweih zeigt auf der rechten Seite eine Perücke auf der linken Seite eine „unechte Mehrstangigkeit". Außerdem sind anhängende Stangenteile und eine auf das Schädeldach gerichtete Zackenbildung zu erkennen. Es könnte z.B. auch auf eine zurückliegende sehr heftige Verletzung zurückzuführen sein. G. Bubenik hat solche Geweihbildungen immer wieder bei Weißwedelhirschen – dem nächsten Verwandten des Rehwildes – belegt.

Das Ostpreußische Landesmuseum

Da die Lebensgeschichte eines solch einmaligen Bockes nicht bekannt ist, läßt sich über dieses Geweih trefflich spekulieren und streiten. Nichts ist zu belegen noch zu widerlegen!

Danksagungen

Die Vorarbeiten zu diesem Bildband waren sehr zeitaufwendig und teilweise recht schwierig. Ohne ständige Unterstützung von zahlreichen interessierten Jägern und Fachleuten hätte dieses Buch nicht entstehen können. Ob auf Trophäenschauen oder im Einzelgespräch – überall gab es uneingeschränkte Hilfsbereitschaft und große Geduld sowie Verständnis für meine ständigen Fragen und die vielen Fotowünsche.
Mein Dank gilt all den Jägern, die mir bei meinen Recherchen auf den Trophäenschauen geholfen haben. Vor allen Dingen Dank an die Jägerschaft aus Lüchow-Dannenberg, die mir so manchen „Abnormen" für meine Arbeit ins Haus gebracht haben.
Mein Dank gilt ferner den Besitzern und Institutionen von umfangreichen Geweihsammlungen, die mir Möglichkeit für Fotoarbeiten gaben und mir viele wichtige Informationen vermittelten. Dazu zählen:

Die Cottasche Sammlung
Technische Universität Dresden,
Fachrichtung Forstwisssenschaft Tharandt,
Forstliche und Jagdkundliche Lehrschau
Hauptstraße 2, D-01737 Grillenburg

Gerlach, Hartmut
Tierpräparation, Gemälde
Dirlenbacher Weg 12,
57250 Netphen-Herzhausen

Jahr, Alexander
Jessenstraße 1, 22767 Hamburg

Mahnke, Heiko
Tierpräparator und Sammler
28879 Grasberg bei Bremen

Ostpreußisches Landesmuseum
Ritterstraße 10, 21335 Lüneburg

Herrn Professor Dr. Schafmayer und Herrn Dr. Brinkmann vom Klinikum Lüneburg danke ich für die CT-Aufnahmen.
Herrn Bachmann Dank, der in mühevoller Arbeit half, Fehler auszumerzen. Frau Griem und Herrn Kuisys für das Entgegenkommen und Verständnis bei meinen ständigen Änderungswünschen. Ganz besonderen Dank meinen Freunden Professor Dr. Klaus Fischer und dem Tierarzt Manfred Woop, die dieses Werk seit einigen Jahren begleitet haben und an vielen Diskussionsabenden zum kritischen Durchdenken vieler Probleme anregten und von deren Fachwisssen dieses Buch lebt.

Ulrich Herbst

Literatur

Brand, Karl	1901	Das Gehörn und die Entstehung monströser Formen Verlag Paul Parey Berlin/Hamburg
Bubenik, A.B.	1966	Das Geweih Verlag Paul Parey Berlin/Hamburg
	1971	Rehwildhege und Rehwildbiologie F.C. Mayer Verlag München
v. Dombrowski, R.	1908	Das Rehwild Wien
Hartwig, H./ Schrudde, J.	1974	Experimentelle Untersuchungen zur Bildung der primären Stirnauswüchse beim Reh Verlag Paul Parey Berlin/Hamburg
Kurt, F.	2002	Das Reh in der Kulturlandschaft Kosmos Verlag Stuttgart
v. Notz, Friedrich	1977	Niedersachsen – Kerngebiet der Tulpengehörne Niedersächsischer Jäger 14/77
Olt, A./Ströse, A.	1932	Regelwidrige Geweihe Verlag Neumann-Neudamm
v. Raesfeld, F.	1923	Das Rehwild Verlag Paul Parey Berlin/Hamburg
v. Raesfeld, F./ Neuhaus, A.H. Schaich, K.	2003	Das Rotwild/Das Rehwild Kosmos Verlag Stuttgart
Rau, A.	1931	Das Rehgehörn Verlag Neumann-Neudamm
Stubbe, C.	1997	Rehwild Blackwell Berlin/Kosmos Verlag Stuttgart
Stute, Robert	1971	Waidwerk – ewig jung Landbuch Verlag Hannover
Ueckermann, E.	1996	Der Rehwildabschuß Blackwell Berlin/Kosmos Verlag Stuttgart

Fotonachweis:

Seite 16/17, 67	Professor Dr. Schafmayer, Dr. Brinkmann Klinikum Lüneburg
Seite 48 links	Burkhardt, J.P.
Seite 110 oben	Woop, M.
Seite 110 unten	Marks

alle anderen Fotos sind vom Verfasser